Jörg Wichmann
Rückkehr von den fremden Göttern

Jörg Wichmann

RÜCKKEHR VON DEN FREMDEN GÖTTERN

Wiederbegegnung mit meinen ungeliebten christlichen Wurzeln

Kreuz Verlag

Alle in diesem Buch enthaltenen Angaben, Daten, Ergebnisse etc. wurden vom Autor nach bestem Wissen erstellt und von ihm und dem Verlag mit größtmöglicher Sorgfalt überprüft. Gleichwohl sind inhaltliche Fehler nicht vollständig auszuschließen. Daher erfolgen die Angaben etc. ohne jegliche Verpflichtung oder Garantie des Verlags oder des Autors. Beide übernehmen deshalb keinerlei Verantwortung und Haftung für etwaige inhaltliche Unrichtigkeiten.

Die Deutsche Bibliothek – CIP-Einheitsaufnahme

Wichmann, Jörg:
Rückkehr von den fremden Göttern: Wiederbegegnung
mit meinen ungeliebten christlichen Wurzeln / Jörg Wichmann. –
1. Aufl. – Stuttgart: Kreuz-Verl., 1992
ISBN 3-7831-1151-X

1. Auflage Kreuz Verlag Stuttgart 1992
Gesamtherstellung: Ebner Ulm
ISBN 3 7831 1151 X

Inhalt

Einleitung

Dieses Buch zeichnet ein Stück des geistigen Weges nach, den ich in den letzten sechs Jahren gegangen bin und noch gehe. Er folgte aus einer überraschenden geistigen Begegnung. Nie hätte ich gedacht, daß ich einmal intensives Interesse an der christlichen Religion bekommen, geschweige denn meine Wurzeln darin finden würde. Mein Leben lang hatte ich mich für einen Weltbürger gehalten, der über seine eigene Weltanschauung, seine Religion und politische Haltung frei entscheiden kann. Und darauf war ich stolz.

Während einer halbjährigen Asienreise im Jahr 1986 wurde mir dann klar, daß ich ein europäischer Christ bin. Ich sehe nicht nur so aus, sondern denke und fühle auch so. Mit meinen religiösen Überzeugungen und weltanschaulichen Vorlieben hatte diese Einsicht zunächst nichts zu tun. Im Gegenteil: Die Begegnung war rauh und sehr reserviert. Die Entdeckung meiner Tradition fühlte sich an, als hätte ich einen trockenen Kloß im Hals, den ich weder hinunterschlucken noch wieder auswürgen konnte. In der Hoffnung, daß er sich beim Schlucken in etwas Nahrhaftes verwandeln werde, nahm ich diesen Weg. Ich versuchte und versuche noch, die christliche Kultur und Religion, die mich umgibt und aus der auch meine geistige Haltung hervorgegangen ist, in mich aufzunehmen beziehungsweise mich in sie hineinzufinden. Anders als bei den meisten anderen Indienreisenden war mir die Reise Anlaß, nicht mein Herz in der Ferne zu verlieren, sondern meine geistige Herkunft, Europa, besser kennenzulernen. So wurde aus einem unliebsamen Zusammentreffen zunächst ein vorsichtiges Kennenlernen und dann eine bereichernde Freundschaft. Es war also keine Liebe auf den ersten Blick, sondern eine langsame, von wachsendem Interesse geprägte Annäherung an meine abendländisch-christliche Kultur, Überlieferung und Religion. In dem Bemühen darum sind die Texte entstanden, aus denen dieses Buch zusammengestellt ist.

Ich veröffentliche die Spuren dieses Bemühens, weil ich glaube, daß sich viele Menschen in einer ähnlichen Lage befinden: Viele leben wie ich in Unfrieden mit ihrer eigenen Kultur und Religion, obwohl sie im Grunde religiös sind und sich nach einem Weg für ein spirituelles Leben sehnen. Wir leben auf dem Boden eines Christentums, das uns zwar tief geprägt hat, das uns aber nicht mehr anspricht, unsere religiösen, emotionalen und intellektuellen Bedürfnisse unerfüllt läßt oder mit Füßen tritt – von seiner geschichtlichen und politischen Rolle ganz zu schweigen. Wie viele andere Menschen auch habe ich mich zunächst anderen Religionen und Kulturen zugewandt, um dort zufriedenstellende Antworten und lebendige religiöse Formen zu finden. Ich fand auch vieles, was mir wichtig wurde und bleibt, nur eines nicht: Ich fand keine geistige Heimat.

Ich mußte begreifen, daß ich meine Wurzeln nicht frei wählen kann. Meine Seele gleicht nicht einem Sack, in den ich verschiedene Ideen, Theorien, Gefühle und Praktiken beliebig hineinfüllen könnte, sondern mehr einer Pflanze, die in einem Boden verwurzelt ist, den ich zwar beeinflussen, aber nicht einfach ablehnen kann. Wie sehr ich trotz aller Versuche, woanders Wurzeln zu schlagen, mit diesem abendländischen Boden verhaftet bin, wurde mir unausweichlich klar, als ich in Asien auf völlig andere Kulturen stieß. Im Spiegel des Fremden sah ich nicht nur mich selbst deutlicher, sondern auch die Kultur, aus der ich komme und die ich stets in mir trage – und sei es als Kloß im Hals.

Das Fremde wurde mir Führer zum Eigenen, nicht weil es mir so fern und seltsam erschien. Ich verstand das Fremde sogar besser als die Religion, in der ich erzogen worden war, es erschien mir näher, einleuchtender und erleuchtender, menschlicher und toleranter, es bot mir viel mehr. Doch konnte ich letztlich nicht heimisch darin werden. Ich glaube, daß es not tut und uns gut täte, mit unserer eigenen Überlieferung Frieden zu schließen. Das heißt aber, sie mitsamt ihren furchtbaren Schattenseiten als die unsere anzunehmen. Die unsere ist sie so oder so – wir haben nur die Wahl, uns bewußt dazu zu stellen oder sie zu verdrängen. Zu Neuem können wir nur aufbrechen, wenn wir bereit sind, unsere Vergangenheit mitzutragen.

Die Auseinandersetzung mit meinen christlichen Wurzeln fiel mir schwer, denn ich fand zunächst weder Literatur noch Gesprächspartner, die mir ihre Überlieferung und vor allem ihre Lebenspraxis näherbringen konnten, ohne immer schon den »Glauben« vorauszusetzen beziehungsweise zu fordern. Andere Religionen sind mir viel zugänglicher und verständlicher gewesen. Hinzu kommt die berechtigte Kritik, die Hunderttausende meiner europäischen Mitmenschen heute dazu bewegt, sich von dieser Religion und besonders von ihren derzeitigen Vertretern abzuwenden. Außerdem suche ich wie viele moderne Menschen nach religiösen Zugängen, die sich *verstehen* und *erfahren* lassen und die man nicht gläubig von einer angeblichen Autorität entgegennehmen muß.

Trotz dieser Hindernisse war ich entschlossen, mir einen Zugang auch zur äußeren und geschichtlichen Form dieser Tradition zu erringen, der ich geistig begegnet war. Ich suchte mir also einen eigenen Weg hinein, fand auf viele Fragen eigene Antworten und habe mir viele christliche Begriffe und Bilder in eigener Erfahrung erschlossen und belebt. Ich wollte mich nicht an theologischen Theorien orientieren, sondern der Religion begegnen, wie sie heute lebt, wollte sie bewußt als theologischer Laie erfahren und befragen.

Der Grund dafür, daß mir unsere christliche Überlieferung erst so spät begegnet und mein Verhältnis zu ihr auch heute noch belastet, ist die Art ihrer Vermittlung, die seltsame Starre und Unlebendigkeit der Theologie, die Unglaubwürdigkeit ihrer Vertreter, die Verleugnung ihrer schrecklichen Geschichte. Schon ihre Sprache habe ich nie verstehen können: Was heißt denn »Sohn Gottes«? oder »Heiliger Geist«? oder »Erlösung«? Wieso und woraufhin soll ich irgend etwas davon »glauben«? Ich habe außerdem immer deutlicher den Eindruck gewonnen, daß fast alle meine christlichen Zeitgenossen das ebenfalls nicht wissen, ja daß sie schon lange aufgehört haben, sich überhaupt noch dafür zu interessieren. Eine Religion, die nicht mehr herausfordert, sondern sich als Stütze eines schamlos bürgerlichen Lebens hergibt. Trotz dieser abstoßenden Form bin ich darin auf etwas Kostbares gestoßen, das mich nicht wieder losgelassen hat. Es lohnt sich, mich mit dieser sperrigen, unbequemen und schwer verständlichen Überlieferung auseinanderzusetzen. Was ich auf ganz anderen geistigen Wegen gelernt habe, ist mir in dieser Begegnung sehr zugute gekommen, ja hat sie überhaupt erst ermöglicht. Vielleicht konnte ich so bemerken, was vielen Christen aus Gewohnheit nicht mehr bewußt ist: Diese Religion ist geheimnisvoll und sehr schwer begreiflich.

Stille Voraussetzung dieser Begegnung ist allerdings, daß es für mich von jeher keine spannendere Frage gibt als die Frage nach Gott und nach dem Wesen der Welt und des Menschen. Und damit meine ich natürlich nicht die vielen möglichen intellektuellen »Fragen«. Mir geht es um die Fragen, die ich mit meinem ganzen Leben stelle, Fragen, wie ich sie an einen Menschen stelle, den ich liebe.

Vielen Menschen, mit denen ich gesprochen habe, geht es ebenso. Sie stecken voll brennender religiöser Fragen, offener oder versteckter, aber sie können sie nicht mehr auf ihr christliches Erbe beziehen. Falls sie nicht eine Heimat in einer anderen Religion finden, resignieren sie entweder und werden »religiös desinteressiert« (ein Zustand, den ich mir überhaupt nicht vorstellen kann). Oder sie irren mal schnell begeistert, mal deprimiert durch die moderne religiöse Konsumlandschaft. Ob das Christentum eine mögliche geistige Heimat wird, hängt für viele davon ab, *welches* Christentum ihnen begegnet. Mir scheint dabei besonders hinderlich, daß sich die Theologie zu oft mit Antworten auf Fragen beschäftigt, die schon lange keiner mehr stellt. Mir ist es viel wichtiger, wieder neue Fragen zu stellen, statt alte Antworten auswendig zu lernen – oder sie nur abzulehnen. Zu diesen Fragen zähle ich diejenigen nach einem tragfähigen, zeitgemäßen Gottesbild, nach der Weiblichkeit Gottes und des religiösen Lebens, nach der Rolle des Körpers im Kult und in der religiösen Erfahrung, nach einer modernen Deutung des Schicksals und des Lebens nach dem Tode, nach einer ernsthaften Auseinandersetzung mit unserer schrecklichen Geschichte und viele andere. Mit all diesen Fragen und einigen möglichen Antworten im weiten Rahmen der abendländisch-christlichen Überlieferung hoffe ich, manchen Suchenden oder kritisch Distanzierten, gleichgültig Gewordenen oder Nicht-mehr-Christen Mut zu machen, sich offen und von ganz neuen Standpunkten aus wieder mit ihrer Tradition auseinanderzusetzen. Vor allem möchte ich Mut machen, die Erfahrung des religiösen Lebens *selbst* zu suchen und sich nicht von angeblichen Autoritäten (zustimmend oder ablehnend) vorschreiben zu lassen, wie man oder frau dazu steht.

Um den gegangenen Weg nachzuzeichnen, muß ich sehr persönlich werden, und das fällt mir schwer, gerade wenn es um das Thema Religion geht. »Ich habe Hemmungen, dieses Buch zu schreiben, weil ich mich scheue, persönlich zu werden. Es ist meine eigene Angst davor, Religion zu haben oder als religiös zu gelten, meine eigene Angst vor der Lächerlichkeit«, schreibt Dorothee Sölle 1975 in »Hinreise«. Es geht mir heute nicht anders. Doch anders als in den siebziger Jahren ist die Peinlichkeit, über Religion zu sprechen, eine doppelte geworden. Zwar ist das offene Sprechen über die eigene Religiosität in vielen Kreisen noch immer tabuisiert. Aber es gibt auf der anderen Seite eine spirituelle Subkultur (aus der ich komme), in der es »in« ist, spirituell zu sein und auch dauernd darüber zu reden. Besonders über dramatische psychische oder spirituelle Erfahrungen (oder besser Erlebnisse). Das ständige, verflachte Reden über religiöse Erlebnisse macht es noch schwerer, mich ernsthaft und persönlich zu dem Thema zu äußern, als die Tabuisierung. In völliges Schweigen hinein etwas zu sagen mag erschrecken, aber es wird gehört. Im schrillen Lärm dagegen wird es unerheblich, ob ich überhaupt noch etwas sage, und alles steht in der Gefahr, gleichermaßen platt zu klingen. So kann religiöses Sprechen heute nur auf dem schmalen Saum zwischen Wüste und Überflutung stattfinden.

Das Buch ist Frucht verschiedener Niederschriften der letzten Jahre, die zum Teil als Briefe an meinen Freund Thomas gerichtet waren, der inzwischen Benediktiner geworden ist und somit eine ganz andere Verbindung zur christlichen Tradition hat. Zum Teil entstand es aus den unzähligen Gesprächen, die ich mit vielen Menschen darüber geführt habe. Zum Teil sind es Tagebuchaufzeichnungen und -reflexionen, die ich oft in der unmittelbaren Form belassen habe.

Ein Bild wird erschüttert

Eine große Reise beginnt mit einem kleinen Schritt, so sagt ein Sprichwort. Manchmal ist es auch umgekehrt, daß ein kleiner Schritt durch eine lange Reise veranlaßt wird. Mich machte eine große Reise in die Ferne darauf aufmerksam, daß ich eine geistige Heimat habe, die ich noch ganz neu entdecken mußte. Die Reise führte zwar in das klassische Reiseland der geistigen Sucher, nach Indien, aber ich unternahm sie nicht deshalb. Es sollte keine »innere« Reise werden, sondern einfach eine Auszeit, eine Zeit des Abstandes, eine Gelegenheit, meine Gedanken neu zu sortieren und auf neue Ideen zu kommen. Der kleine Schritt, den ich dort tat und der später ungewollt zu einer großen inneren Reise führte, wurde entsprechend unspektakulär durch kleinere Beobachtungen und Begegnungen ausgelöst. Damals waren es für mich bloße Episoden am Rande, die erst jetzt im Rückblick ein deutliches Muster ergeben.

Südindien, 26. 2. 1986.
Gestern stießen wir auf eine merkwürdige Entwicklung aus der christlichen Geschichte: die Thomaschristen. Mir waren sie ganz neu – aber was wissen wir schon von indischer Geschichte? Die Thomaschristen gab es nur in Südindien, und es ist sehr wahrscheinlich, daß die ersten Gemeinden hier in Kerala bis auf den Apostel Thomas zurückgehen. Er kam wohl um das Jahr 50 auf einer ausgedehnten Asienreise hierher, gründete mehrere Gemeinden und starb in der Nähe von Madras (östliche Küste), wo noch heute sein Grab verehrt wird. Ich bin verblüfft, hier, wo ich am wenigsten damit gerechnet hätte, auf eine interessante Form des Christentums zu stoßen. Interessant insofern, als es hier jahrhundertelang Christen gegeben haben muß, die die Bibel und das Kreuz als Symbol nicht kannten, für die die Frohe

Botschaft nicht ein fixierter Text, sondern eine wirkliche, weitererzählte Botschaft gewesen ist. Außerdem zeigt ihre Existenz, daß sich das Christentum auch ohne Macht und Gewalt lange erhalten und tolerante Formen bilden kann.

Witzigerweise habe ich sogar eine Bibel mit. Es gibt kaum ein anderes so kleines Buch, in dem ich so lange lesen kann, ideal fürs Reisen. Und ich wollte immer schon mal mehr darin lesen, da sie – was immer ich von den Inhalten halte – kulturell doch sehr wichtig ist. Mehr noch lese ich in Toynbees Menschheitsgeschichte – ein ausgezeichnetes Buch, wenn auch sehr dicht. Insgesamt komme ich aber wegen des Herumreisens und des ermüdenden Klimas wenig zum Lesen. Kerala, die Südwestecke der indischen Halbinsel, ist heiß und feucht, dafür aber wunderschön – ein nicht zu dicht besiedeltes, tropisch grünes Land mit freundlichen Menschen. Man bewegt sich hier in Küstennähe viel mit dem Boot auf den Backwaters, langgestreckten, wohl Brackwasser enthaltenden Seen (die natürlich Myriaden Mükken anziehen). Gestern am späten Abend fuhren wir von Kottayam zurück nach Aleppy. Vollmondnacht und klarer Himmel. Schwarz gleitet das Wasser vorbei. Neben dem leisen Tuckern des Bootes hören wir nur ein paar Vögel und ab und zu Stimmen am Ufer oder von der Bootsbesatzung. Eine Gruppe Inder geht mit Fackellichtern nach Hause. Und über allem strahlt in warmem Gelb der Mond. Solch eine Nacht läßt uns die Strapazen des Reisens vergessen.

Die Fahrt nach Kottayam haben wir nicht nur wegen der malerischen Backwaters unternommen, sondern auch um das dortige Priesterseminar der Indian Orthodox Church zu besuchen, von dessen Existenz wir im Reiseführer gelesen hatten. Weil es uns so seltsam erschien, wollten wir es uns ansehen. Das Seminar liegt am Rande des Ortes in einem kleinen, hellen Park und besteht aus ein paar einfachen, relativ neuen Gebäuden. Wir wurden dort freundlich empfangen und zu einem Englisch sprechenden Pater gebracht, der brav unsere Fragen beantwortete, die er wohl jeden zweiten Tag von jemandem hört. Von den einstmaligen Thomaschristen ist natürlich nichts mehr übrig – da hatte ich falsche Hoffnungen. Südindien ist sekundär von der syrisch-orthodoxen und dann von der römischen Kirche missioniert worden. Die Priester, die wir trafen, sind aber orthodox und tragen auch die orthodoxe Haartracht. Sie vertreten ein Christentum, das unserem nicht unähnlich ist: sehr männlich, hierarchisch und körperfeindlich. Aber wohl toleranter, notgedrungen, sie sind ja in der Minderheit.

Als ich dann auf dem stillen Wasser durch die Nacht glitt, ging mir noch so einiges durch den Kopf: Mit welcher Botschaft mag jener Apostel Thomas hierhergekommen sein? Was hat er den Menschen erzählt, was hat sie so ergriffen und begeistert, daß sie seinem Weg folgten, trotz ihrer damals schon Jahrtausende alten eigenen Religion? Zumindest muß er es verstanden haben, seine Botschaft so mitzuteilen, daß sie sinnvoll in die damalige indische Welt paßte, muß er an ihre Sitten und Gebräuche angeknüpft haben, statt sie zu zerstören. Denn Macht oder sonstiges hatte er ja nicht zu bieten – nichts als sein Wort und seine persönliche Ausstrahlung. Und das im Lande des Yoga! Ich muß sagen, diese Perspektive bringt einige meiner Vorstellungen über das Christentum ins Wanken. Was kann das für ein Christentum gewesen sein? Ohne einen fixierten Text, ohne die Diskussionen über dessen Echtheit, ohne mächtige Autoritäten, an das Leben und die Gebräuche der einfachen Menschen angepaßt, und so begeisternd, daß es sich aus eigener Kraft verbreitet und erhalten hat. Was bliebe vom heutigen Christentum, wenn wir all das davon abzögen, was die Thomaschristen (und wohl alle frühen Christen) nicht gehabt haben? Nicht viel, fürchte ich.

Natürlich haben sich später die mächtigen europäischen Formen der Religion auch dort durchgesetzt. Der größte Anteil der Christen in Kerala ist heute katholisch. In einem Büchlein, das ich dazu gelesen habe, klagt ein indisch-orthodoxer Theologe darüber, daß inzwischen auch die Intoleranz gegenüber Nichtchristen und die Konkurrenz zwischen den christlichen Richtungen zunehme. Das entsprach durchaus meinen Erwartungen. Nicht erwartet hatte ich dieses andere, ursprüngliche Christentum. Daß man von vielen negativen Seiten der christlichen Geschichte in

Unterricht und Geschichtsstudium wenig hört, daran hatte ich mich gewöhnt. Ich denke nur daran, welchen Raum in unserem Religions- und später Geschichtsunterricht die christlichen Märtyrer eingenommen haben, wogegen ich nie etwas von den unendlich zahlreicheren Märtyrern anderer Religionen oder abweichender christlicher Sekten gehört habe, die von Christen gemordet worden sind. Erst durch meine Studien am Rande der offiziellen Geschichtsschreibung erfuhr ich zum Beispiel von den großen Feldzügen gegen die christlichen, aber nicht Rom-treuen Katharer; und die systematischen Verbrennungen von Hexen und Ketzern wurden und werden selbst von seriösen Historikern als Einzelfälle dargestellt oder als Zeiterscheinungen oder Wahn des einfachen Volkes entschuldigt. Das war mir nicht neu: Geschichte wird eben von den Siegern (um)geschrieben. Aber daß es auch eine positive Seite am Christentum gab (positiv aus meiner Sicht), von der ich ebenfalls nichts zu hören bekommen hatte, das verblüffte mich.

Mich hatten bislang hauptsächlich die religiösen Formen am Rande der Gesellschaft interessiert und auch persönlich angesprochen. Den machthabenden großen Religionen hatte ich nie etwas abgewinnen können. Schon gar nicht dem patriarchalen Christentum mit seinen abstrusen Glaubensvorstellungen. Ich konnte nie begreifen, wie vernünftige Menschen einer solchen Religion anhängen konnten. Die christliche Religion war mir so weit entfernt und uninteressant, daß sie mir nicht einmal der Mühe wert schien, mich kritisch damit auseinanderzusetzen. Das negative Klischee hatte mir genügt und schien sich bei allen Begegnungen, die ich ab und an damit hatte, zu bestätigen. Nun gab es darin einen ersten Einbruch.

Putaparthi, 9. 3. 1986.
Seit ein paar Tagen sind wir in Putaparthi, in der Nähe von Bangalore, im Ashram des im Westen ebenso wie in Indien bekannten Guru Sai Baba. Ein typischer Guru für die Reichen, in dessen Ashram die reichen Westler und Inder mit falsch verstandenen Karma-Lehren zur Hartherzigkeit gegen Notleidende erzo-

gen werden – und sich zwischendurch Ansprachen über die göttliche Liebe anhören dürfen. Wenn ich hier auf einem Schild lese »Es ist verboten, Bettler und streunende Hunde zu ermuntern (to encourage beggars and stray dogs)«, dann wirkt das allgegenwärtige Gerede über Spiritualität und Liebe auf mich nur noch wie eine zynische Farce. Es ärgert mich nicht nur, sondern macht mich auch sehr traurig, wie hier mit der Gläubigkeit der Menschen Machtspiele betrieben werden. Es ist doch erstaunlich, wie ähnlich sich die Menschen im Laufe der Jahrtausende geblieben sind. Schon in den Evangelien wird beschrieben, daß das Volk Jesus wegen seiner »Zeichen und Wunder« nachgelaufen ist. Und auch an diesem Sai wird bewundert, daß er Asche, Uhren und andere Dinge materialisieren und hellsehen kann. Vielleicht kann er das ja auch, vielleicht ist er sogar ein inkarnierter Gott oder Dämon und somit mächtiger als die meisten Menschen. Na und? Soll ich Macht etwa verehren? Und um Verehrung von Macht geht es ganz deutlich. Sai läßt die Leute in langen, geordneten Reihen antreten, um dann aus seinem Tempel an ihnen vorbeizuschreiten und sich huldvoll anbeten zu lassen.

Von Jesus oder Buddha wäre es mir undenkbar, daß sie sich auf einen Thron gesetzt und sich hätten verehren lassen. Im Gegenteil: Jesus hat unter den Geächteten seines Volkes gelebt, und Prinz Siddharta hat seine fürstliche Residenz verlassen, um als armer Saddhu zu hungern. Buddha oder Jesus hätten sich nie einen prunkvollen Tempel bauen lassen. Schon daran erweist sich ein kleiner Geist, auch wenn er noch so mächtig ist.

So abstoßend es auf mich auch wirkte, schienen doch die meisten Inder an diesem Guru, der sich für Gott und für die Inkarnation aller großen Religionsstifter hält, nichts Befremdliches zu finden. Er wurde sogar von denen verehrt, die er vor den Toren seines prunkvollen Tempels hungern ließ. Ich urteilte darin offenbar als Europäer, nach europäischen Werten. Nach allem, was Europäer auf der Welt und unter anderen Kulturen angerichtet haben, steht es mir gewiß nicht zu, über andere Völker und ihre Sitten oder Religionen zu urteilen. Und ich hatte mich bis zu meiner Indienreise immer für äußerst tolerant gehalten, war in jeder Diskussion ein eifriger Verteidiger anderer Kulturen gegenüber der unseren. Doch ist mir in Indien unausweichlich klargeworden, daß meine Toleranz Grenzen hat – europäische Grenzen. Wo Frauen wie Vieh behandelt werden, wo der einzelne Mensch nichts zählt, wo die Arroganz der Macht auch noch verehrt wird, da konnte ich mir nicht mehr einreden, daß ich andere Kulturen aus sich heraus verstehen müsse. Natürlich wußte ich, daß es bei uns im Prinzip nicht besser aussieht: Der Papst übertrifft einen Sai Baba sicherlich an Macht und Reichtum um vieles und steht ihm an religiöser Anmaßung und praktischer Gleichgültigkeit gegenüber den Armen kaum nach. Und unsere Kultur und Religion hat gewiß, was die Rolle der Frauen angeht, vor der eigenen Tür genug zu kehren. Aber wie wenig wir auch nach unseren Werten leben, so bilden sie doch die Brille, durch die wir die Welt betrachten. Für mich war es eine Erleuchtung zu bemerken, wie typisch euopäisch meine Brille war – damit hatte ich als penetranter Kritiker unserer »Zivilisation« am wenigsten gerechnet.

Meine Neigung, vieles Fremde, das mir begegnete, mit den gewohnten europäischen Bildern zu vergleichen, wurde auch dadurch gefördert, daß ich zum Lesen eine Bibel mitgenommen hatte. Bewußt wurde diese Wahl dadurch bestimmt, daß ein Neues Testament wenig wiegt und wenig Platz wegnimmt, was bei einer Rucksackreise entscheidend ist. Unbewußt programmierte ich damit aber auch eine tiefgreifende geistige Auseinandersetzung vor. Zunächst lernte ich in Indien die Mentalität der in der Bibel beschriebenen Menschen besser verstehen. Ihre Lebensumstände haben ja denjenigen der heutigen Inder viel mehr geähnelt als den unseren in Europa. Manche Szenen kann ich mir jetzt erst lebhaft vorstellen: Etwa solche Einzelheiten, daß mehrere Jünger losgeschickt werden, um jemandem einen Brief zu bringen. Bei uns käme doch niemand auf die Idee, eine Nachricht so »uneffektiv« transportieren zu lassen. Aber in Indien ist es mir mehrfach begegnet, daß ein Bahnabteil voller Menschen war, von denen nur einer etwas am Zielort zu tun hatte; die anderen fuhren einfach mit, weil sie eben seine Freunde oder Familie waren. Wir können gar nicht mehr so fraglos von der Gemeinschaft her denken. Dort steht menschlicher Zusammenhalt aber noch hoch über der Leistung.

Neben solchen Einzelheiten, die mir näherkamen, befremdete mich aber auch vieles, was ich bei meiner Lektüre fand.

Unterwegs, März 1986.
Was mir beim Lesen in der Bibel außerdem auffällt: Viele Texte des Neuen Testaments und der Psalmen sind von einer erheblichen Selbstgerechtigkeit geprägt und einer Gehässigkeit denen gegenüber, die sich nicht nach den Ideen beziehungsweise dem Glauben des Autors richten wollen. Die Apostel lechzen geradezu danach, die »Sünder« endlich grauenhaft bestraft zu sehen. Von wirklicher Liebe merke ich da nur wenig. Das Gute scheint man anzustreben, um Pluspunkte im Himmel zu sammeln und um von diesem bedrohlichen Gott nicht dahin geschickt zu werden, wo nur noch Heulen und Zähneklappern ist.

Ausnahmen, die mich beeindrucken, sind die Kreuzigung Jesu, als er sagt: »Vergib ihnen, denn sie wissen nicht, was sie tun.« Oder die Steinigung des Stephanus, dessen letzte Worte waren: »Bitte rechne ihnen diese Tat nicht an.« Das ist seelische Größe, und das ist es, wodurch Jesus das menschliche Geschlecht erlösen könnte: Wenn der Kreislauf der Macht und der Rache unterbrochen wird. Trotz aller Macht, die er verschiedentlich demonstriert, weigert sich dieser Mann konsequent bis zum Tode, sich zu wehren. – Eine sehr widersprüchliche Geschichte, die in diesem Buch beschrieben ist. Entweder waren diejenigen, die Jesu Botschaft aufgeschrieben haben, aufgrund ihres kulturellen Hintergrundes nicht in der Lage, das Liebevolle und Große daran wirklich zu verstehen. Oder Jesus hat gar nicht so eindeutig die Liebe gepredigt, wie wir das heute gern sehen würden. Irgendwoher müssen doch all die Passagen kommen, in denen den Ungehorsamen grausame Strafen angedroht werden (die in der Kirchengeschichte ausgiebig verwirklicht wurden).

Gerade in der Begegnung mit dem Buddhismus stieß mir immer wieder auf, was ich am Christentum vermisse: Friedfertigkeit und philosophische Klarheit. Zwar redeten die Christen, die ich hörte – damals besonders im Rahmen der Friedensbewegung –, viel vom Frieden und von ihrer Bergpredigt. Aber ihre Geschichte ist, im Gegensatz zur buddhistischen, von Aggression und einem starken Willen zur Macht geprägt und ihr offizielles Auftreten im allgemeinen rechthaberisch und unduldsam. Unter den verschiedenen buddhistischen Richtungen erschien mir die tibetische am interessantesten. Um ihr näherzukommen, fuhren wir nach Dharamsala.

Dharamsala, 10. 4. 1986.
Zur Zeit befinden wir uns im Ort der derzeitigen Exilresidenz des Dalai-Lama. Der kleine, inzwischen hauptsächlich von Tibetern bevölkerte Ort liegt am Südrand des Himalaya, hoch über der indischen Ebene. Das Klima ist hier viel angenehmer, und es herrscht nicht solche Hektik. Wir empfinden die Tibeter auch als viel freundlicher und aufgeschlossener als die Inder. So haben wir uns zu einem zweiwöchigen »Urlaub« hierher zurückgezogen. Romantisch ist Reisen nur im Rückblick oder in Büchern. Aber hier oben läßt es sich aushalten. Nicht weit vom Ort ist auch die große tibetische Bibliothek mit einer Fülle interessanter englischer Werke zum Buddhismus. Nach dem ganzen Herumreisen hatte ich Sehnsucht danach, mich wieder in aller Ruhe mit einigen Themen beschäftigen zu können.

Im Moment arbeite ich an Vergleichen zwischen buddhistischer und »westlicher« Denkweise und habe auch mit einigen Lamas darüber gesprochen. Die sanfte und friedliche Grundhaltung der buddhistischen Religion machte sich besonders bemerkbar bei ihrer Art zu missionieren. In Tibet war vor dem Buddhismus der Schamanismus verbreitet, der sich unter buddhistischem Einfluß zur Bön-Religion entwickelte, die bis heute mit dem tibetischen Buddhismus koexistiert. Nach den geschichtlichen Aufzeichnungen und Legenden haben die buddhistischen Missionare die Naturgötter und -geister nicht vertrie-

ben, vernichtet oder gar geleugnet, sondern bekehrt. Dadurch brauchten sie dem Volk nicht seine traditionelle Wahrnehmungs- und Lebensweise zu nehmen. Die ehemalige Bedrohung durch Dämonen, welche hauptsächlich ihre jeweiligen Eigeninteressen verfolgten und mit Opfern und Magie besänftigt werden mußten, wich einer neuen Funktion derselben Wesenheiten, die nun dem Erleuchtungsweg dienen durften. Die ganze vorbuddhistische Bilderwelt des schamanischen Tibet blieb durch diesen Weg lebendig und fruchtbar. Die neue Religion brauchte nicht zu kämpfen und konnte ihre Ethik und friedliche Weltanschauung glaubwürdig vermitteln.

Da stellt sich mir die Frage, was es für ein Christentum wäre, das sich aus einer solchen friedlichen Begegnung mit den Erdreligionen ergeben hätte. Wir werden es wohl nie erfahren. Die frühen Formen des Christentums, in denen das versucht worden ist, gibt es nicht mehr, und auch ihre Spuren sind sorgfältig verwischt worden. Schade.

In der Beschäftigung mit dem Buddhismus fällt mir auf, daß ich ständig Vergleiche zum Christentum ziehe. Obwohl ich mit unserer christlichen Kultur wenig zu tun hatte, scheint sie mich doch so weit geprägt zu haben, daß ich bei der Begegnung mit Fremdem fast automatisch Vergleiche dazu ziehe. Auch wenn ich mich ständig gedrängt fühle, das Christentum zu kritisieren und in Frage zu stellen, zeige ich darin ja eine Art Verbundenheit. Kritik an anderen Religionen geht mir fast nie durch den Kopf: Aber wenn ich sehe, wie die Inder hier mit ihrer Religion leben, so glaube ich, ich wäre ein ebenso heftiger Gegner und Kritiker des Hinduismus geworden, wenn ich als Hindu aufgewachsen wäre, wie ich in Europa ein Kritiker des Christentums bin. Und selbst vom Buddhismus würde ich wohl nur halb so viel halten, wenn ich miterlebt hätte, wie die tibetische Bevölkerung unter der Feudalherrschaft der Lamas die große Masse des untätigen, reichen Klerus mit durchfüttern mußte. Vielleicht würde ich dann, aus der Ferne, all die Vorzüge des Christentums bewundern, von denen ich, da ich mein Leben mitten darin verbracht habe, keine entdecken konnte.

Vielleicht war mir das etablierte, degenerierte Christentum zu nahe, um die Gesamtgestalt dieser Religion erkennen zu können. Jedenfalls fällt mir hier auf, daß ich – auch durch mein Studium bedingt – von allen möglichen Religionen der Welt etwas verstehe, nur von meiner heimatlichen sehr wenig. Ich dachte gestern daran, zu Hause in Europa mal eine Zeitlang in ein christliches Kloster zu gehen, um einen klareren Eindruck von der Geistigkeit unserer Religion zu bekommen. Vielleicht erscheint sie mir ganz anders, wenn ich sie – wie hier den Buddhismus – offen und aufmerksam auf mich wirken lasse, als sei sie mir ganz neu (was sie ja zum Teil auch ist).

Heute früh im Shambalah-Café hörten wir klassische Flötenmusik, die wir sehr genossen haben und die mich auf den Gedanken brachte, daß unsere christliche Kultur doch – bei allem Häßlichen – auch unglaubliche Schönheit hervorgebracht hat. Obwohl ihre Ideologie kaum diskutabel ist, hat ihr Mythos offenbar eine Tiefe, die die größten Künstler und Denker des Abendlandes tausend Jahre lang in seinem Bann gehalten hat. All die sachlichen Irrtümer und der ideologische Mißbrauch scheinen etwas durchaus Lernens- und Erkennenswertes zu verbergen. Und je länger ich darüber nachdenke, um so deutlicher wird mir: Selbst die Kritik, die ich gegenüber der derzeitigen Hauptreligion des Abendlandes habe, ist christliche Kritik. Im Grunde werfe ich (und alle anderen Kritiker) dem Christentum hauptsächlich vor, daß es nicht christlich genug ist, daß es seinen eigenen Ansprüchen nicht gerecht wird. Wir haben die Maßstäbe, an denen wir das Versagen der Kirchen und der christlichen Religion überhaupt erkennen und beurteilen, nicht aus Asien oder gar von unseren heidnischen Vorfahren, sondern aus unserer eigenen Erziehung in spätchristlichen Wertvorstellungen. Etwa die Vorstellung, daß vor Gott und überhaupt alle Menschen gleich sind – Frauen und Männer, Arme und Reiche, Gesunde und Kranke – und daß daraus auch soziale Konsequenzen zu ziehen sind, ist eine typisch christliche Idee. Die abendländische Rebellion gegen religiöse Hierarchien, wenn auch noch nicht besonders weit gediehen, hat ihre Wurzeln in der jüdisch-christlichen Tradition. Daß es unrecht ist, Kriege zu führen, im Namen der Religion gar, und daß auch verfeindete

Völker versuchen sollten, einander näherzukommen, all das sind christliche Wertvorstellungen. Nicht nur christliche versteht sich, aber wir Europäer haben diese Ideen eindeutig aus dem modernen Humanismus, der ohne seine Grundlage in der christlichen Ethik gar nicht denkbar wäre.

Doch ganz gleich, wie sehr mir hier klar wird, daß der Standpunkt, von dem aus ich mich mit anderen Religionen auseinandersetze, christlich geprägt ist, kann ich doch mit den Inhalten dieser Religion nichts anfangen. Ich begreife nicht, wie man all diese seltsamen Aussagen und Geschichten ernsthaft glauben kann: Zeugung eines Menschen durch Gott, Jungfrauengeburt, fleischliche Auferstehung usw. Mit den »Wundern« hätte ich zwar keine Schwierigkeiten, aber zaubern können andere auch.

Beim Gottesbild fängt es doch schon an, völlig inkonsequent zu werden. In den letzten Tagen habe ich zum Beispiel eine Philosophie-Einführung von Jaspers gelesen (in diesen Kramläden hier findet man so ziemlich alles – sogar auf deutsch). Erst führt er ganz klar und tiefsinnig an den Begriff des »Umgreifenden« heran, seinen Grenzbegriff für das, was über alles Sein, über Subjekt und Objekt hinausgeht. Dann führt er jedoch plötzlich und unbegründet einen persönlichen »Gott« in die Diskussion ein, die damit reinen Bekenntnischarakter bekommt und völlig den philosophisch diskutablen Boden verläßt. In welchem Verhältnis für ihn »Gott« und das »Umgreifende« stehen, bleibt ungeklärt. Das »Umgreifende« war zunächst noch ein Grenzbegriff, auf den Philosophie und Denken nur hindeuten können. Dann wird »Gott« plötzlich zum Gegenstand langer Erörterungen, die aber weder philosophisch hergeleitet noch auf persönliche geistige Erfahrungen gestützt werden – also reine Spekulation oder Autoritätsgläubigkeit, wie fast immer an solchen Punkten.

Wie weise kommt mir da die Zurückhaltung vor, die die Buddhisten gegenüber Gottesbildern üben. Sie haben natürlich zig Bilder von verschiedensten Gottheiten und Devas, die in unserer Überlieferung wohl Erzengeln, Seraphim und ähnlichen Wesen entsprechen. Aber über das letzte große Geheimnis sagen sie nichts aus, als daß es nicht Etwas sei. Dadurch ist der

Buddhismus philosophisch tragfähig geblieben, und es brauchte sich in diesem Kulturkreis keine säkulare Philosophie zu entwikkeln wie bei uns, wo viele religiöse Aussagen für redliche Denkerinnen und Denker einfach nicht nachvollziehbar sind. Nietzsche hat zwar den Tod Gottes verkündet, doch ist er in der Realität des Sprechens noch lange nicht gestorben und kann darum auch noch nicht auferstehen. Wir können noch keinen neuen Gottesbegriff im Abendland bilden, weil an dem Wort noch zu sehr die alte Vorstellung des Personalen und Moralischen klebt. Da kann ich die Buddhisten um die Klarheit und Ehrlichkeit ihrer Religion nur beneiden. Nur ist es eben nicht die unsere, und wir können nicht ständig aus Nachbars Brunnen trinken, weil wir unser eigenes Wasser verschmutzt haben.

Zwar kam ich mit meinen kritischen Überlegungen zum christlichen Gottesbild lange Zeit nicht weiter. Aber ich dachte viel über die Urgeschichte des Christentums und seine Ausbreitung nach. Diese Auseinandersetzung führte zu einer Erschütterung unerwarteten Ausmaßes, und mein Interesse am Christentum erfuhr in der folgenden Zeit eine wesentliche Wende. Bislang hatte ich es als eine Religion angesehen, die durch den Lauf der Geschichte ans Ufer der Macht gespült worden ist und sonst wohl schon vergessen wäre. Auch die anfängliche schnelle Verbreitung des Christentums hatte ich mir durch seine Koalition mit dem römischen Staat, gewaltsame Mission und die Ausrottung der Gegner erklärt. Daß es so einfach nicht sein konnte, fiel mir in Kerala auf. Dann dachte ich weiter darüber nach, wie es denn in der Anfangszeit des Christentums zugegangen sein mochte. Die Koalition mit dem Staat entstand erst im vierten Jahrhundert – das wußte ich natürlich schon lange, aber ich hatte die Konsequenzen dieser Tatsache nicht bedacht. Bis dahin hat sich die neue Religion also ohne größere Machtmittel ausbreiten können. Vor allem fand ich es bemerkenswert, daß Nord- und Westeuropa schon längst christianisiert waren, bevor die römische Kirche sich hier ausbreitete. Germanien gehörte dem arianischen Christentum an und der keltische Bereich der irisch-keltischen Kirche. Ich stellte mir einen irischen

Mönch vor, der allein in das Gebiet fremder Stämme zieht, mit dürftigen Sprachkenntnissen und einer anderen Religion im Herzen. Ist es nicht zutiefst erstaunlich, ja schockierend, daß solche Wandermönche einen großen Teil der europäischen Stämme zu einer neuen Religion bekehren konnten? Was müssen diese Männer für eine geistige Kraft gehabt haben, wie überzeugt müssen sie gewesen sein – mit einer bloßen Ideologie im Kopf war so etwas nicht zu schaffen. Aber was hat sie so bewegt? Was war an dieser Lehre von dem gekreuzigten Jesus dran, daß sich die kraftvollsten Geister Irlands dafür auf eine ungewisse Wanderschaft machten? Und auch nach Nordafrika, bis nach Indien hat sich die Botschaft vom Christus durch bloße Verkündigung ausgebreitet. Was dann später alles kam, ist und bleibt eines der tragischsten und entsetzlichsten Kapitel der Menschheitsgeschichte. Aber wie konnte es zu diesem Anfang kommen? Mußte da nicht etwas Wirkliches geschehen sein in Judäa um das Jahr Null? Ich glaube nicht, daß bloße Hirngespinste solche Folgen nach sich ziehen, daß sie Menschen aus völlig verschiedenen Kulturen so begeistern können. Eine Ideologie mag ein Volk ergreifen, das unter bestimmten ähnlichen Bedingungen lebt. Aber so verschiedene Völker wie die Südinder, die Römer und die Kelten? Da muß doch etwas völlig Umwerfendes in die Geschichte hineingebrochen sein, das alle Maßstäbe gesprengt hat. Was das war, wollte ich gern wissen. Das faszinierte mich.

Vielleicht erscheint es abwegig, daß ich aus einem bloßen historischen Argument plötzlich eine solche Faszination entnahm. Aber für mich war es mehr. Ich konnte in die Geschichte förmlich eintauchen. Es war, als hätte ich eine Ahnung davon bekommen, welches Feuer den Geist unserer Vorfahren ergriffen hatte, als sie die Botschaft hörten – als hätte ich ihren Geist berührt. Es war wie eine Ansteckung über die Jahrhunderte hinweg. Es war wie ein klares, helles Erkennen, das sie aufweckte und dazu trieb, in die Welt zu ziehen und es zu verbreiten. Wie ein Aufleuchten durch die Geschichte – nur konnte ich die Quelle des Lichtes nicht erkennen. Ich spürte die Folgen eines gewaltigen Ereignisses (dessen Ausläufer unser Leben ja bis heute bestimmen), aber ich konnte seine Ursache und seinen Sinn nicht sehen.

Seit ich darauf stieß, hat mich ein ganz neuer Antrieb gepackt. Ich fühlte mich wie ein Hund, der eine neue Fährte gewittert hat, die ihn bis in die Haarspitzen hinein beunruhigt und spannt. Aber ich hatte keine Ahnung, wohin sie mich führen würde. Das war längst schon kein kulturelles Interesse mehr, sondern ein ganz persönlicher Ruf, der mich da erreicht hatte. Ich hatte auch die dumpfe Ahnung, daß das Verfolgen der Fährte vieles für mich verändern würde, was ich noch überhaupt nicht absehen konnte. Als würde das Beben, das ich soeben in unserer Vorgeschichte entdeckt hatte, in dem Moment auch mein eigenes Leben erschüttern.

Nur konnte ich nicht verstehen, was dieses Auflodern des christlichen Anfangs mit der Religion zu tun haben sollte, die ich bislang kennengelernt hatte. Wo waren die großen Geister geblieben, die einmal die innere Kraft und Ausstrahlung hatten, selbst so tiefe Religionen wie die der Druiden von ihrer Botschaft zu überzeugen? (Oder sollte etwas an der Legende stimmen, daß die Druiden schon auf die Ankunft des Heilandes gewartet hatten?) Diese ersten Christen müssen von lebendiger, erschütternder Erfahrung ihres Gottes durchdrungen gewesen sein – so tief, daß es mich bis heute erzittern macht, wenn ich es ahne. Und was war daraus geworden? Hatte nicht Jesus selbst gesagt, daß wir eine Lehre an ihren Früchten erkennen sollen? Nun denn: Was sind ihre Früchte? Konnte diese erbärmliche, angepaßte Spießerreligion solche großartigen Wurzeln gehabt haben? (Damit meinte ich noch nicht mal die Evangelien, die fand ich gar nicht so ergreifend. Eher dünn und vor allem arrogant. Mich packte, was ich da in der Geschichte ahnte und spürte.) Oder hatte ich im Christentum immer nur das Wesentliche übersehen? Dann hatten es aber alle Christen, die ich kannte, auch übersehen. Da brauche ich doch nur in eine beliebige Kirche zu gehen oder ein Wort zum Sonntag zu hören, um eines Besseren belehrt zu werden. Natürlich wird es in jeder Kultur und jeder Religion großartige Menschen geben. Aber liegt das an der jeweiligen Religion? Ich fand die Häufung an nichtssagenden und hohlen Typen unter den Berufschristen aussagekräftig genug. Wenn ich daran dachte, war ich immer wieder ernüchtert bezüglich meiner historischen Phantasien.

Aber es ließ mich trotzdem nicht los, auch wenn ich es nicht verstand.

Vielleicht hätte ich die Überzeugung gewonnen: Die Menschen seien nun mal so, Ideal und Wirklichkeit lägen immer weit auseinander. Tiefe Frömmigkeit sei stets etwas für die wenigen Berufenen; die breite Masse habe andere Sorgen und passe sich bestenfalls an die herrschenden religiösen Formen an. Das sei schon immer und überall so gewesen. Kein Grund, ausgerechnet vom Christentum anderes zu erwarten. – Aber da waren die Tibeter, von deren religiösem Leben ich auf einer vierwöchigen Tibetreise (Mai 1986) einen kleinen Eindruck gewinnen durfte. Ihre Religion ist von außen besehen bunt: voller Geister, Götter und Dämonen, Gebetsmühlen und im Wind wehender Mantras, gewaltiger Klöster und märchenhafter Tempel voller Gold und Edelsteine – selbst nach jahrzehntelanger Zerstörung und Unterdrükkung durch die Chinesen noch beeindruckend. Da wir kein Wort Tibetisch sprachen, war eine verbale Verständigung nicht einmal ansatzweise möglich. Aber die Tibeter strahlen ihre Religiosität förmlich aus, sie leben so stark und offenkundig darin, daß es keiner Erklärung bedarf. In ihren Tempeln habe ich an einer Frömmigkeit teilnehmen dürfen, wie ich sie noch nie zuvor und nie wieder danach erlebt habe. Ich verzichte auf eine Beschreibung der äußeren Formen, die sich in allen einschlägigen Werken nachlesen lassen und, obschon in sich faszinierend, fast nichts darüber aussagen können, wie ergriffen und wie ergreifend diese Menschen Gottesdienst feiern. Ihre schlichte Art zu beten, vor den großen Buddhastatuen in den Tempeln, beim Drehen der Gebetsmühlen, beim stundenlangen Murmeln von Mantras, bei den unzähligen Niederwerfungen auf den Pilgerwegen, diese Art zu beten oder zu meditieren ist derart hingegeben und anwesend, daß es mich mit großer Hochachtung erfüllt und auch beschämt hat. Was bilden wir uns schon auf unsere »Spiritualität« ein? Diesem Volk haben die Chinesen seit Jahrzehnten die Ausübung ihrer Religion verboten und alle religiösen Lehrer und Priester, die Lamas, vertrieben oder getötet. Und kaum ist ihnen die Religionsfreiheit halbwegs wiedergegeben, da blüht ihre Spiritualität mit einer Kraft auf, daß man es nicht für möglich hält. Oder könnte Unterdrückung ein günstiges Klima für die Weiterexistenz einer Religion abgeben?

In Tibet habe ich es erlebt und werde es nie vergessen, daß auch eine vom ganzen Volk ausgeübte Religion kraftvoll und tief sein kann, voll echter Hingabe und spürbar mit dem Erleben des Heiligen erfüllt. Die unsagbaren Leiden der letzten Jahrzehnte haben dieses Volk nicht brechen können. Die Leute laufen ärmlich oder zerlumpt herum, aber fast alle haben ein Funkeln in den Augen, das von heiterer Gelassenheit und einem inneren Frieden zeugt. Ihre Frömmigkeit hat nichts von der Unterwürfigkeit, die wir hier nur zu oft damit verbunden sehen. Die Frommen sind dort gleichzeitig stolz und frei – jedenfalls habe ich es so in ihren Gesichtern gelesen. Vielleicht hat es etwas mit dem Land selbst zu tun, dessen naher Himmel und dessen unendliche Gebirgswüsten auch in den trockensten Gemütern noch ein ehrfürchtiges Stammeln des Denkens hervorrufen. Wie dem auch sei, ich habe dort gelernt, daß Religion nicht die Sache einzelner Schwärmer sein muß. Und ich habe erlebt, wie tief und wie echt Frömmigkeit sein kann, und zwar einfache, schlichte Frömmigkeit im herkömmlichen Sinne. Ich habe Tibet mit einer großen Sehnsucht verlassen.

Klosterbesuche

Mir werden immer neue Anläufe meiner Seele bewußt, eine Mitte im Leben zu finden oder zu bilden. Alle paar Tage habe ich das Gefühl zu erwachen, staunend um mich zu schauen und zu glauben: Jetzt habe ich es kapiert, jetzt geht das Leben neu und anders weiter. Doch der frische Geist versinkt wieder im Treibsand der Stunden. Taucht nach Tagen wieder auf. Neu angesprochen. In der Mitte würde ich gern bleiben, an dem Punkt, von dem aus sich alles selbst gestaltet, in der Einheit meines Tuns und Lassens.

Solange es mir nicht gelingt, unmittelbar aus dem Augenblick, das heißt in der Ewigkeit, zu leben – was meistens der Fall sein dürfte –, muß ich wenigstens dafür sorgen, daß die Ewigkeit meinen Alltag immer wieder berührt und ihm die Dimension des Sinnes verleiht. Das ist Kult: Er muß regelmäßig sein, immer wieder die Verbindung zur Tiefe bestätigen, sonst wird alles andere Handeln schal und flach, trocken, Wüste, in welcher wir wandern und des lebendigen Wassers bedürfen.

Kult, Ritual und Gebet, hat *keinen Sinn, es* ist *Sinn.*

Warum fühlen wir uns einer *bestimmten* Tradition zugehörig? Weil sie uns etwas bringt? Uns Fragen beantwortet? Sinn stiftet? Ich glaube kaum, denn jede Tradition tut das. Mein Freund Thomas hat es mit dem Verliebtsein verglichen: Ich kann nicht sagen, warum es mich zu einem bestimmten Menschen unter all den anderen hinzieht. Andere Menschen sind hübscher oder klüger, anmutiger oder kraftvoller – aber ein bestimmter Mensch ist es, mit dem ich jetzt zusammengehöre, trotz aller Schwierigkeiten; ja die Schwierigkeiten können das Zusammensein reizvoller und fruchtbarer machen. So ist es wohl auch, wenn wir uns in eine geistige Gestalt verlieben, in eine Religion oder eine Philosophie.

Um aus einer Verliebtheit eine gesunde Beziehung wachsen zu lassen, muß ich mich ganz auf die Gestalt einlassen, die ich entdecken möchte, muß aber auch ganz ich selbst bleiben, mich zeigen und mich auseinandersetzen, meine eigene Geschichte mit hineinbringen. Dann stelle ich Fragen, werden mir Fragen gestellt, muß ich mich in Frage stellen lassen. Beide Seiten verändern sich dabei, und darin liegt die Frucht der geistigen Begegnung. Meine Veränderung muß mein Leben zeigen. Wie ich unsere Überlieferung verändert sehe, seit ich ihr so nahe begegne, das möchte ich zu beschreiben versuchen. Sicherlich werde ich nicht sagen können, warum es mir damit so ging; aber ich denke, das liebevolle Ringen fördert einige Seiten der Gestalt zutage, die sich anzuschauen lohnen.

Wohin wende ich mich, wenn ich heute das Herz des Christentums schlagen hören möchte, wenn ich christliche Religion dort kennenlernen möchte, wo sie noch lebendig ist und ernst genommen wird, wo die Menschen noch etwas von ihrer Religion wissen und aus ihr leben? Ein Kloster schien mir der richtige Ort dafür zu sein. Obwohl (oder vielleicht weil) ich noch nie in einem war, habe ich mir Klöster immer als den wahren Hort der christlichen Tradition vorgestellt. Dort würde ich Menschen finden, die mir meine Fragen beantworten können – und Fragen hatte ich genug. Ganz einfache, grundsätzliche Fragen: Was ich mir unter einem »Sohn Gottes« vorstellen soll und was das für ein Gott ist, der leibliche Kinder zeugen kann, etwa. Oder ganz persönliche, kritische: Wie man(n) mit einer solch mörderischen Vorgeschichte leben und sich auch noch zur Institution der Täter bekennen kann, ohne vor Scham zu versinken. Oder Fragen an die monastische Lebensform: Wie man denn behaupten kann, ein Mönch folge Christus nach, da Christus ganz eindeutig *in* die Welt ging, sich unter die Menschen mischte, gerade unter die am wenigsten »Spirituellen«? Wie kann ein Mensch in die Fülle des Lebens, in Gott, eingehen wollen, wenn er oder sie ständig elementare Lebensprozesse unterdrücken muß? Jedoch hatte ich mir vorgenommen, so schwer es mir auch fallen würde, meine Kritik hintanzustellen und die christliche Religion von innen heraus zu verstehen, das daran zu finden, was ihren Anhängern wertvoll erscheint. Die Kritik am historisch gewordenen Christentum fällt ja leicht, drängt sich geradezu auf, sofern man sich ein wenig auskennt. Doch führt eine solche vernichtende Kritik des »real existierenden Christentums«, wie etwa Deschner sie führt, mich nicht näher heran an ein Verständnis dessen, was Millionen Menschen jahrhundertelang darin gesucht haben. Der kritische Ansatz bringt keinerlei Erkenntnisgewinn, weil er gerade das Wichtigste stets verstellt. Genau das wollte ich aber jetzt verstehen, und zwar wirklich persönlich verstehen, begreifen und mitempfinden können.

Aufgrund meines Studiums wußte ich eine Menge über das Christentum, vermutlich mehr als die meisten Christen – was heute nicht schwierig ist. Aber es war nur theoretisches, distanziertes Wissen. Ich bin zwar getauft und konfirmiert worden, aber ein lebendiges, praktiziertes Christentum war mir noch niemals begegnet. Nicht einmal eine deutliche Distanzierung, einfach nichts Greifbares in dieser Richtung. So war mir die christliche Religion nie als ernsthafte Antwort auf die religiösen Fragen in den Sinn gekommen, die mich mein Leben lang beschäftigten. Denn ich war trotz schlechter Voraussetzungen immer sehr religiös interessiert gewesen und versuchte, nicht nur ein privates religiöses Leben, sondern auch Wurzeln in einem kulturellen Zusammenhang zu finden, den ich befriedigend fand. Lange Zeit war ich bemüht, möglichst frühe und ursprüngliche Wurzeln zu finden, die mir noch nicht von den patriarchalen Herrschaftsansprüchen über Menschen und Erde verseucht schienen, wie sie unsere heutige Kultur prägen. So setzte ich mich lange mit den vorchristlichen oder außereuropäischen Erdreligionen, mit Naturmagie und Schamanismus auseinander. Unbefriedigend daran blieb, daß diese religiösen Formen – so hoch ich ihre inneren Werte auch schätzte und schätze – nicht in unsere Kultur passen. Im Europa des zwanzigsten Jahrhunderts stelle ich mich als Vertreter eines Naturkultes ins kulturelle Abseits und verurteile mich selbst zur gesellschaftlichen Wirkungslosigkeit, was der Natur letztlich am wenigsten nützt. Zu den Kapillargefäßen irgendwo tief im heidnischen Untergrund habe ich nur über die dicken christlichen Wurzelstämme Zugang. Solange für mich in diesen kein Saft fließt, wird auch mein vermeintlich heidnischer Naturbezug eine romantische Fiktion bleiben. Nur sehr widerstrebend ließ ich diese Einsicht zu, denn die christliche Kultur war für mich lange Zeit Inbegriff des Unheils, das über unserer Welt liegt. Doch mußte ich mir eingestehen, daß ich dieses Christentum nie wirklich verstanden hatte und mir somit auch der Schlüssel zu unserer Kultur fehlte, ob ich sie nun wohlwollend oder ablehnend betrachtete.

Ich beschloß also, mich in die Drachenhöhle zu begeben, in die meine Wurzeln hinabführten, um den Drachen selbst kennenzulernen und wenn möglich auch den Schatz zu entdecken, auf dem er sitzt. Denn das wußte ich schließlich aus den Märchen: *Jeder* Drache verbirgt einen Schatz.

Wie schon gesagt, wählte ich als praktischen Zugang den Weg in ein Kloster. Glücklicherweise hatte ich in einem ganz anderen Zusammenhang vor einiger Zeit einen Mönch flüchtig kennengelernt und nutzte diese Bekanntschaft, um mich nach der Möglichkeit zu erkundigen, Gast eines Klosters zu werden. Pater Johannes, so hieß mein Bekannter, war so freundlich, mich gleich in sein Kloster, die Benediktinerabtei Königsmünster in Meschede, einzuladen.

Königsmünster, 25. 8. 1986
Nun bin ich also für ein paar Tage im Kloster, sitze in meiner »Zelle«, einem recht bequemen Gastzimmer, und denke nach. Ich bin erstaunt darüber, was mir hier als Kloster begegnet. Die Gebäude sind verhältnismäßig neu, die Architektur der Kirche auffallend modern. Hochaufstrebend ist sie einem Schiff nachempfunden. Das Chorgestühl ist nicht hinter dem Altar, sondern halbkreisförmig auf der Seite der Gemeinde angeordnet. Dies als architektonischer Hinweis darauf, daß die Mönche sich nicht aus der christlichen Gemeinde herausheben wollen. Überhaupt wirkt alles, einschließlich der Menschen, sehr offen und weltzugewandt. Als Abtei der Missionskongregation St. Ottilien ist Königsmünster sehr auf Öffentlichkeitsarbeit ausgerichtet. Das hat den Vorteil einer gewissen Weltoffenheit, die aber – für die Mönche – auch ihre Kehrseite hat: Wie es einer salopp ausdrückte, hat man sich daran gewöhnt, daß beim Chorgesang die

Hälfte fehlt. Auch ihr Verständnis von Autorität scheint mir recht modern. Wohl ein Verdienst des jungen, von allen sehr geschätzten Abtes. Ich habe ihn nicht kennengelernt, denn er ist gerade in Urlaub – nicht, was ich von einem Kloster erwartet hatte. Nach der Benediktsregel soll der Abt »der Eigenart des Mönches dienen«. Hier heißt das, daß jedem der Spielraum zur Entfaltung seiner besonderen Begabungen und Neigungen gegeben wird, zum Beispiel zu freien Studienmöglichkeiten. Aber daß die Mönche auch Urlaub machen können, in kleinen Gruppen und etwa drei Wochen im Jahr, scheint ihnen selbst an die Grenzen ihrer Lebensform zu gehen.

Man hat mich mitten in der Klausur in einem Trakt unter dem Noviziat untergebracht, also mitten in der Gemeinschaft und nicht irgendwo außerhalb. Auch darf ich – als männlicher Gast – mit den Brüdern essen. Das hilft mir sehr, mich in das ganz anders geregelte Leben hineinzufinden. Die Mönche haben fünf Gebetszeiten am Tag, die Horen, an denen ich auch teilzunehmen versuche, denn das Chorgebet ist ihre wesentliche geistliche Übung. Hier wird noch die Gregorianik gepflegt; die Gesänge gefallen mir und berühren mich. Gesungen werden Psalmen, fünfmal täglich, siebenmal in der Woche, so daß auf die Dauer wohl die Wahrnehmung der Inhalte in den Hintergrund tritt und die Betonung sich auf den gleichmäßigen, getragenen Gesang verlagert – eine meditative Form des Gotteslobes, die den ganzen Tag des Mönches durchziehen und prägen soll. Von den Inhalten einmal abgesehen (in etlichen Psalmen gilt Gott als Herr, als Strafender und Rächer und wird auch angerufen, andere Völker und Andersgläubige zu vernichten), ist mir diese Art der religiösen Übung sehr nahe, und ich kann sie mir gut als dauernde Praxis vorstellen. Doch würde ich es meiner Seele nicht zumuten, in Verbindung mit dem meditativen Lob des Unendlichen anderen Menschen Vernichtung und Elend zu wünschen. Irgendeine Auswirkung muß doch auch der Inhalt von Texten haben, die man täglich singt. Pater Johannes erklärte es mir so, daß sich in den Psalmen das ganze Spektrum der menschlichen Gefühle ausdrückt und vor Gott zur Sprache gebracht wird. Ablehnung und Haß gehören auch dazu und werden nicht ver-

schwiegen. Ein wenig leuchtet mir das ein. Das tut man in der Psychotherapie auch – gregorianisches Kissenboxen. Aber es klingt in meinen Ohren ganz anders, ob ein unterdrücktes Volk so zu seiner Gottheit schreit, oder ob die Reichen und Mächtigen dieser Welt ihren Gott beschwören, ihre Gegner zu vernichten. Und das im Wissen darum, daß es bei den Autoren dieser Texte als gottgefällig galt, die »heidnischen« Nachbarvölker auszurotten, und sie nicht zögerten, es zu tun. Da bleiben mir beim Mitsingen oft die Worte im Halse stecken.

Die Meßfeier ist mir recht fremd. Ein seltsames Ritual, das offenbar viel mit Macht zu tun hat und das ich nicht nach- oder mitempfinden kann. Ich versuche es als eine historisch und kulturell bedingte Ausdrucksform zu verstehen, dem Unendlichen, dem Großen Geheimnis Dank zu erweisen. Auch wenn einem die rituellen Mängel direkt ins Auge springen, möchte ich doch versuchen, die dahinter stehende Haltung des Dankens und der Hingabe zu achten und schätzenzulernen. An der Kommunion kann ich bisher nicht teilnehmen, weil ich keinen inneren Bezug zum Geschehen finde. Ich sitze nur als Zuschauer dabei und mache mir meine Gedanken.

Richtig verstehen kann ich eine Religion nur über ihren Kult. Die Aussagen ihrer Vertreter über Politik, Moral und Theologie sind in anderer Hinsicht sehr wichtig, aber sie führen nicht zum Herzen der Religion, dem Kult, sondern sind seine Konsequenzen. Im Gegensatz zu vielen meiner Zeitgenossen habe ich zu Meditation, Kult und Ritual kein distanziertes Verhältnis. Religiöse Praxis ist seit langem fester und wesentlicher Bestandteil meines Lebens. Stein meines Anstoßes am Christentum ist daher nie gewesen, daß sich zuviel um Kult und Gebet dreht, sondern daß es meines Erachtens nicht ernst genug genommen wird, was Kult und Gebet beziehungsweise Meditation bewirken und bedeuten oder wenigstens bedeuten könnten.

Wohl deshalb ist mir die protestantische Richtung im Christentum nicht als die interessantere Alternative erschienen, obwohl meine Kritik nur oder hauptsächlich auf den Katholizismus zutrifft. Zwar ist die Rolle der Frau bei den Protestanten dort etwas günstiger und das gesamte Gefüge der Gemeinschaft nicht so totalitär, aber mir fehlt darin der Kult, von dem nur noch eine Kümmerform geblieben ist. Mit einer auf Theorie und Moral reduzierten Religion konnte und kann ich nichts anfangen. Theorie und Moral kann ich auch anders – und besser – haben. Für mich ist das Zentrum einer Religion ihr Kult, nicht ihre Theologie. Und wo der Katholizismus die weibliche Seite Gottes schon arg verstümmelt hat, hat sie der Protestantismus ganz abgeschafft. Außerdem schien mir die katholische Kirche deutlicher die christliche Geschichte, die ich zu verstehen versuchte, mit all ihrem Glanz und all ihrem Schrecken zu verkörpern.

Ich saß also etliche Male in Eucharistiefeiern, versuchte mitzuerleben, was geschah, und fragte mich: Wenn ich akzeptieren muß, daß ich Christ bin, daß mein Leben, meine Geschichte und Kultur, mein Denken und Fühlen von dieser Religion geprägt sind, wird es mir dann auch möglich sein, die dazugehörige spirituelle Praxis in mein Leben aufzunehmen?

Ich war daran gewöhnt, regelmäßig zu meditieren und den Rhythmus der Natur und meines Lebens mit kleineren Zeremonien zu begleiten, allein oder in Gemeinschaft. Auch für die Schwierigkeiten und die Höhepunkte meines Lebens suchte ich meist einen angemessenen »religiösen« Ausdruck. Mir war »Religion« die Grundlage des Alltags, des Lebens, eine Grundlage allerdings, um die ich mich stets neu bemühen mußte. Dabei war es mir in Fleisch und Blut übergegangen, kultische und rituelle Formen als einen schöpferischen Ausdruck des Menschen anzusehen; zwar bestimmten inneren Gesetzmäßigkeiten unterworfen, aber zeitbedingt und veränderlich und von denen zu gestalten, die den Gottesdienst feiern wollen. Nun begegneten mir in den kirchlichen Gottesdiensten starre Formen, die autoritär gehandhabt wurden und am religiösen Erleben und den Bedürfnissen der meisten Menschen voll vorbeigehen. Es ging mir sehr gegen den Strich, an Gemeinschaftsritualen teilzunehmen, bei denen nur einer den Kult durchführen darf und fast alle anderen passiv zu bleiben haben. An einer Kultfeier, die den Kontakt zu Gott, zur Mitte des Lebens, vermitteln soll, wollte ich auch als ganzer

Mensch teilnehmen können. Daß die weibliche Seite des Menschen und der Menschheit vom Vollzug des Kultes ausgeschlossen ist, ist eine Absurdität und eine Unverschämtheit, die für sich selber spricht und die natürlich auch mich als Mann angeht. Auch ich werde dort als geschlechtliches Wesen mißachtet und einer Hälfte des seelischen Ausdrucks beraubt. »Leben in Fülle« hat er ihnen versprochen, und sie begnügen sich mit weniger als der Hälfte.

Solche und ähnliche Gedanken und Gefühle bestimmten meine ersten Eindrücke der Messe. Ob sie nun von einem glaubwürdigen Priester durchgeführt wurde oder nicht, mit lebendiger Tiefe oder routiniert, von vornherein stimmte die Struktur schon nicht und verstellte mir den Zugang zum Göttlichen weitgehend. Doch wollte ich mich damit nicht begnügen. Die Eucharistie *hat* unzähligen Menschen Zugang zum Göttlichen gewährt, so daß es wohl mit an mir liegen mußte, wenn es mir damit anders ging. Vielleicht war die Messe ein schwieriger oder ungünstiger Zugang zum Großen Geheimnis, aber auf jeden Fall war sie einer. Ich mußte weitersuchen. Zunächst waren dabei die Unklarheiten darüber auszuräumen, was die Christen überhaupt unter dem Göttlichen verstanden, wie sie es erlebten und begriffen. Solange ich den Kopf voll kritischer oder auch sachlicher Fragen hatte, konnte ich den Gottesdiensten nicht mehr abgewinnen als Anregungen zum weiteren Nachdenken.

30. 8. 1986.
Ich bin in das Kloster gefahren, weil ich glaubte, dort Menschen zu treffen, die mir endlich meine Fragen an das Christentum beantworten können. Ich finde Menschen, die Fragen haben wie ich. Die Mönche verstehen sich als auf einem Weg befindlich, auf einem bestimmten Weg zwar, aber noch nicht am Ziel, von dem her sie Fragen gültig beantworten könnten. Ich kann mir das dann erklären, wenn ich das Christentum nicht als ein festes System von Glaubenssätzen, sondern als eine bestimmte Sprache verstehe, in welcher Menschen ihre geistlichen Fragen und Antworten formulieren können. Diejenigen, mit denen ich spre-

che, wirken offen und frei. Kritik und bohrendes Nachfragen nehmen sie als willkommenen Anlaß, noch einmal tiefer über ihre Glaubensgrundlagen nachzudenken. Menschen, die es sich nicht leichtmachen, ihre unübliche Lebensform neu zu entdecken und das Religiöse in einem sicherlich oft auch eintönigen Alltag lebendig zu halten. So ist jedenfalls das Bild, das der Besucher bekommt.

Der Novizenmeister der Abtei, Pater Marian, machte mich allerdings darauf aufmerksam, daß ich zu stark nach abstrakten religiösen Motiven für ein monastisches Leben frage. Vieles sei eher menschlich begründet, in der Suche nach Sicherheit und Gemeinschaft beispielsweise, und das nicht nur im sozialen, sondern auch im existentiellen Sinne. In einer sozial unsicheren Zeit ist ein Kloster natürlich auch eine gute Lebenssicherung materieller Art, doch würde dieses Motiv ein monastisches Leben nicht tragen. Die Frage nach den dazugehörigen Verzichten, speziell auf Sexualität – denn sonst lebt man hier sehr üppig –, bekam ich nicht befriedigend beantwortet. Das scheint mir ein ungelöstes, vielleicht unlösbares Problem zu sein. Wenigstens sind die Mönche, die mir bisher begegneten, bescheiden genug, ihre Lebensform nicht für eine besonders christliche zu halten. Das monastische Leben gilt ihnen nur als eine mögliche religiöse Lebensform neben anderen, eine, die ihnen besonders liegt.

Bezüglich meiner religiösen Grundsatzfragen sagte mir Marian zu meiner Verblüffung, daß es dazu im heutigen Christentum großenteils keine sinnvollen Antworten mehr gebe. Begriffe wie Gottessohn oder Heiliger Geist seien für die meisten Christen nur noch erlernte Ausdrücke, die mit keinen persönlichen oder kollektiven Erfahrungen mehr zu füllen sind. Marian teilt auch die meisten meiner kritischen Anfragen an Christentum und Kirche. Er hat nicht das Bedürfnis vieler Christen, alles positiv umzudeuten. Er sieht und benennt offen das Unangenehme, Untragbare und Schlechte, weiß aber trotzdem um das Positive, das ihm letztlich wichtiger ist und seiner Auffassung nach überwiegt.

Einerseits war es für mich enttäuschend, nicht die erwarteten Antworten zu finden. Andererseits hat es mich beeindruckt und noch neugieriger gemacht, daß dort nachdenkliche Menschen leben, die auch keine besseren Antworten wissen als ich, die ähnliche kritische Gedanken haben, die aber trotzdem ihr Leben ganz diesem Glauben widmen. Um welches Zentrum kreiste all das? Ich begriff bald, daß meine Fragen falsch gestellt und mein Zugangsversuch falsch waren. Ich fragte abstrakt nach den Glaubensgrundlagen, wie ich sie von außen sah, und nach den persönlichen Erfahrungen, die dem »Glauben« zugrunde liegen müßten. Das ist aber nicht der Zugang, über den die meisten heutigen Christen zu ihrer Religion kommen, und auch nicht das, worüber sie nachdenken. Ich griff damit in eine wunde Stelle des Christentums, deren Wundheit mir die wachen unter meinen Gesprächspartnern bedauernd zugestehen mußten; die schwächeren entzogen sich ärgerlich oder verletzt meinem ungelenken Zugriff. Das scheint mir der große Mangel des heutigen Christentums zu sein: Erfahrungen werden zwar (manchmal) gemacht, man lernt aber nicht, sie zu differenzieren. Die Begriffe werden nicht mehr auf Erfahrung oder wenigstens Erfahrbarkeit begründet, sondern schweben blutleer im theologischen Nebel. Die wirklich Gläubigen können ihren Glauben in keiner lebendigen Sprache mehr ausdrücken, da das theologische Sprechen längst zum Anachronismus geworden ist. Allerdings einer, den viele noch mit der Muttermilch aufsaugen und der ihnen Sicherheit gibt. Zwar sagen die Theologen eine Menge zu den Grundlagen des Glaubens. Aber sie benutzen sehr differenzierte Begriffe für Geistiges, denen keinerlei differenzierte Erfahrungen mehr entsprechen. Sie müssen sich schon auf »Glaubensgeheimnisse« zurückziehen, wo das noch längst nicht nötig wäre. Damit entziehen sie sich dem tieferen Gespräch ständig und verbauen den Blick auf die wirklich kostbaren Geheimnisse ihrer Religion. Daß es solche gibt, begann ich erst später zu ahnen. Zunächst begriff ich nicht einmal das Vordergründige und fand niemanden, der es mir einigermaßen plausibel hätte erklären können.

Nach dem Besuch in Königsmünster war mir klar, daß ich die christliche Kultur nicht dadurch kennenlernen könnte, daß ich mir das Wesentliche von »kompetenten Christen« erklären ließ. Es würde ein längerer und mühsamer Weg werden. Ich verließ die Abtei mit dem Gefühl, ein Kloster kennengelernt zu haben, das zwar modern und interessant, aber nicht unbedingt »typisch« war, und nahm den Besuch als eine erste Begegnung in dieser Richtung, die ich durch andere in anderen Klöstern erweitern wollte.

Abgesehen von meiner Suche nach christlichen Antworten habe ich gerade zu diesem Kloster noch eine enge persönliche Verbindung bekommen. Ich bin seitdem noch etliche Male in der Abtei Königsmünster gewesen und habe die ruhigen, geregelten Tage und Wochen, die man (als Gast) dort hat, sehr schätzen gelernt. Auch die Liturgie und die Messe lernte ich im Laufe der Zeit besser kennen und achten.

Doch am stärksten kam die Verbindung mit Königsmünster und meine Auseinandersetzung mit dem Mönchtum dadurch zustande, daß ein guter Freund von mir, Thomas, in die dortige Bruderschaft eingetreten ist. Thomas hatte schon seit langem großes Interesse an Klöstern und dem monastischen Leben gehabt – etwas romantisch verklärt, wie ich fand. Ich erzählte ihm von meinem Besuch in Meschede und zeigte ihm die Fotos, die ich von dem interessanten, wenn auch etwas kühl-modernen Bau gemacht hatte. Thomas zeigte kein Interesse; es war ihm alles zu modern, kein »richtiges« Kloster, wie er es schätzte. Maria Laach dagegen, das war etwas, fand er damals.

Doch traf es sich, daß er später, als er meinen Besuch dort längst vergessen hatte, auf anderen Wegen den Novizenmeister, Pater Marian, und dann das Kloster kennenlernte. Im September '89 wurde er dort Benediktiner. Aber bis dahin war der Weg steinig. Die Entscheidung, Mönch zu werden, ist nicht leicht. Und so diskutierten Thomas und ich monatelang immer wieder darüber: Was es bedeuten könne, ganz im Rahmen eines Klosters zu leben; ob solch ein Lebensentwurf überhaupt noch zeitgemäß sei; ob er im christlichen Rahmen überhaupt Platz habe; ob man(n) (bzw. ob Thomas) überhaupt sein Leben ganz ohne enge Beziehungen zu Frauen verbringen könne und wolle; was verbindliches Leben in Partnerbeziehungen und in religiösen Gemeinschaften bedeuten könne; was denn die wirklichen Motive für einen solchen Schritt seien und so weiter. Wir fuhren zusammen auf den Berg Athos, auf die Insel der orthodoxen Mönche in Griechenland, und diskutierten dort weiter.

In all diesen Gesprächen zeigte es sich, daß die monastische Lebensform auch auf mich einen starken Reiz ausübte. Die Schärfe meiner Fragen, die Härte meiner Kritik, aber auch mein unablässiges Bemühen darum, neue Aspekte am christlichen Leben zu finden, beruhten letztlich darauf, daß dahinter stets meine Frage stand: Unter welchen Umständen könnte ich so leben? Thomas sagte mir oft, eigentlich müßte ich ins Kloster gehen und er draußen bleiben. Unsere Argumentationen verliefen oft genau in umgekehrter Richtung, so daß ich das christliche, klösterliche Leben verteidigte und Thomas es in Frage stellte. Es erschien mir sehr erstrebenswert, ein Leben in einer verbindlichen religiösen Gemeinschaft aufzubauen und Aufgaben in der Gesellschaft auf einer gemeinsamen spirituellen Grundlage anzugehen. Was mich daran hinderte, dies in einer christlichen Gemeinschaft zu versuchen, sagte ich bereits. Aber ich konnte es gut verstehen, daß jemand, der nicht solche Schwierigkeiten damit hatte wie ich, diesen Versuch wagte; in gewisser Weise beneidete ich ihn darum.

Königsmünster, 9. 1. 1990.
Wieder im Kloster, das mich sofort mit seiner eigentümlichen Atmosphäre umfängt. Eine Art Nach-Hause-Kommen, obwohl ich doch nicht oft hier war und Thomas bislang noch nicht zu sehen ist. Vielleicht ist es dieses heimelige Gefühl, das viele ins Kloster bringt und auch dort hält. Solange ich hier bin, regelt sich sozusagen alles von selbst. Ich brauche mich nur an ein paar einfache Spielregeln zu halten und sonst für nichts zu sorgen. Die Mönche müssen sich natürlich an mehr Regeln halten, brauchen sich dafür aber noch weniger zu sorgen; denn es gibt für sie kein Danach, wo sie plötzlich wieder für sich sorgen müßten. Wenn ich auch das Gesamtsystem eines katholischen Klosters als soiches nicht für nachahmenswert halte, müßte sich aber doch etwas daraus lernen lassen, um auch den »normalen« All-

tag freier zu gestalten, der Hektik, Unruhe und Sorge zu entrinnen. Oder statt einem anderen Zustand entrinnen zu wollen, wäre es wohl fruchtbarer, einen klaren und kraftvollen Ausgangs- und Zielpunkt zu haben, anhand dessen ständig deutlich wird und bleibt, was wesentlich ist, worauf es ankommt. Letztlich ist doch eine Ordensregel eine Ausdifferenzierung dessen. Aber auch ohne eine solche formale Regel würde ich es gern erreichen, mir dauerhaft dieses Zentrums im Leben bewußt zu sein und es damit lebendig zu halten. In der dadurch geforderten eigenständigen Wachheit und Verantwortung bin ich zwar frei, muß aber auf das heimelige Gefühl des fertigen Nestes verzichten, das mir soeben bei meiner Ankunft angenehm auffiel.

Später:
Die Zeit scheint hier nicht zu vergehen, oder wenigstens anders. Besonders an Tagen, die so grau wie dieser sind. Aus einem Schornstein hinter dem Klosterdach steigt seit Stunden Rauch. Die Wolken hängen so schwer über dem Wald wie gestern. Morgen werden sie es wieder tun.

Klosterzeit verstreicht anders. Erst einen vollen Tag bin ich hier und habe doch das Gefühl, schon eine Woche lang da zu sein. Thomas erwähnte die eigenartige Sicherheit zu wissen, daß – egal, was geschieht – stets die Gebetszeiten eingehalten werden. Jeden Tag. Immer. Ich finde das beruhigend und beunruhigend zugleich. Jedenfalls wird Zeit dadurch anders.

Gott und das Große Geheimnis

Wir müßten es doch fertigbringen, einem gebildeten Heiden von heute in längstens einer halben Stunde sagen zu können, was wir Christen eigentlich glauben, und zwar so, daß ihm dies nicht einfach unverständlich und unassimilierbar vorkommt wie eine Darlegung tibetischer Medizin«, forderte Karl Rahner in »Zur Theologie der Zukunft« (München 1971). Vor zwanzig Jahren konnte Rahner nicht wissen, daß eine Zeit kommen würde, in der unzählige »gebildete Heiden von heute« die tibetische Medizin als verständlicher und assimilierbarer empfinden als den christlichen Glauben. Es ging mir, der ich mich zu ihnen rechnete, nicht anders. Jahrelang habe ich in Gesprächen, in meinem Fühlen, Denken und Meditieren um ein Verständnis dessen gerungen, was »die Christen eigentlich glauben«. Dabei mangelte es mir weniger an der Kenntnis formulierter Glaubensinhalte; ich wußte aber meist nicht, was diese Formulierungen bedeuten könnten. Vor allem ließen sie sich weder mit meinen noch mit den Erfahrungen der mir bekannten Christen verbinden. Auf den folgenden Seiten möchte ich einige der grundlegenden Überlegungen schildern, die mir schließlich ein besseres Verständnis ermöglichten. Dabei bemühe ich mich nicht um eine theologische Systematik, sondern verfolge verschiedene Ansätze so, wie sie sich aus meinen Betrachtungen und Erfahrungen ergaben. Manches Verstehen schloß sich an allgemein übliche Sichtweisen an, vieles mußte ich mir auch ganz neu erschließen. Ich versuchte, für das Übliche wie für das Neue offenzubleiben und einen für mich nachvollziehbaren Zugang zu finden. Viele Begriffe (Geist, Seele, Leben, Gott) benutze ich bewußt nicht genauer, als es meinem Erleben entspricht, obwohl sie sich natürlich theoretisch viel weiter differenzieren lassen. Aber was taugen theoretische Begriffsunterscheidungen, die ich in keiner Wirklichkeit aufzeigen kann? Auch eine Theologie sollte »von unten« aufgebaut werden.

Im Grunde liefen viele meiner Probleme in dem Wort »Glauben« zusammen. Im christlichen Sinne zu »glauben« konnte doch nicht im Ernst bedeuten, bestimmte Behauptungen und Legenden für wahr zu halten. In Gesprächen und Texten bekam ich aber immer wieder diesen Eindruck vermittelt. Zwar wird das Wort »Glaube« im allgemeinen anders erklärt, aber letztlich geht es dann doch immer wieder um das gleiche: ohne weitere Vermittlung eine Sammlung von Behauptungen zu »glauben«. Selbst wenn man es schafft, all diese Legenden und Dogmen für wahr zu halten: Wie kann eine solche Überzeugung ein ganzes Leben tragen und sinnvoll machen? Und daß die christliche Religion das für Millionen Menschen getan hat und tut, ist wohl kaum zu bezweifeln.

Sehr erhellend war mir in diesem Zusammenhang die Unterscheidung, die die englische Sprache für unser Wort »Glauben« trifft. Glauben läßt sich übersetzen als *faith* oder als *belief*, wobei *faith* das glaubende Vertrauen – in christlichen Worten das »Gottvertrauen« – meint und *belief* die geglaubte Meinung, das Dogma, oder die Weltanschauung. Es half mir zunächst, das Gottvertrauen als die Grundlage anzusehen, die mich mit vielen Christen verband: das Gefühl, in einer sinnvollen und beseelten Welt zu leben, in meinem tiefsten Grunde in etwas Umfassendem geborgen zu sein. Ich habe allerdings oft Zweifel daran, ob dieses Gottvertrauen im späten Christentum noch ausgeprägt ist; denn wäre es das, so hätte das christliche Abendland sich nicht die ganzen künstlichen Sicherheiten der Technik schaffen müssen. Andere Kulturen sind auch ohne diese ausgekommen. Aber ich bin überzeugt, daß Jesus seinen Mitmenschen genau dieses Gottvertrauen vermitteln wollte. Wenn Jesus sagt: »Wer an mich glaubt, der hat das Leben«, dann kann er wohl kaum gemeint haben: Wer die Geschichten, die von mir erzählt werden, für wahr hält, der unterscheidet sich existentiell von jenen, die diese Geschichten nicht für wahr halten oder nicht kennen. Vielmehr hat er versucht, im Beispiel seiner Person das unerschütterliche Vertrauen in das Leben und die Liebe, in »Gott«, weiterzugeben.

Viele Menschen werden schon diesen Schritt nicht mehr nachvollziehen können. – Gott?? – Ich halte es für unsinnig, darüber zu diskutieren, ob es Gott »gibt«. Solange ich diese Frage stelle, gibt es Gott für mich nicht. Erklären kann ich die Welt auch ohne die Annahme einer Gottheit. Unzählige Denker der letzten Jahrhunderte haben vorgeführt, daß sich die Welt auch unbeseelt und mechanisch denken und wahrnehmen läßt. Daran läßt sich nicht rütteln. Aber ich *erlebe* die Welt belebt. Ich bin nicht damit zufrieden, mich als eine komplizierte Maschine zu deuten; ich *erlebe* mich als beseelt. Beweisen kann ich das natürlich nicht, aber darauf kommt es nicht an. Lange Zeit hindurch, als ich mit »Gott« nichts anfangen konnte, gründete ich meine Sichtweise auf das Mißverständnis, »Gott« solle irgend etwas erklären. Als sei Gott zuständig für die Bereiche – Ursprung, Tod, Jenseits, Schicksal –, die wir uns nicht anders, wissenschaftlich, erklären können. Mir ist »Gott« nicht mehr Antwort auf irgendwelche Fragen, denn jede echte Frage ließe sich potentiell auch anders beantworten. Gott ist keine Antwort, sondern eine Erfahrung – oder besser eine Meta-Erfahrung, die sich nicht direkt erleben läßt wie ein Inhalt der Welt. Es geht um die Grundlage zu einer Erfahrung des Daseins unter positivem Vorzeichen. Ich kann mich natürlich auch gegen ein sinnvolles, beseeltes Leben entscheiden und die Welt als Farce, als hohle Geste im Nichts, annehmen. Damit verleugne ich aber auch die Erfahrung meines Selbstwertes, mein eigenes Seinsgefühl. So wie ich mich als lebendig erlebe, erlebe ich auch die Welt als lebendig, beseelt und begeistigt. Das ist eine Grundentscheidung, die jeder anderen Weltdeutung unterliegt. Und da unsere Welt so ist, wie wir sie wahrnehmen wollen, entstehen das Leben und die Seele geradezu dadurch, daß wir uns dafür entscheiden, die Welt als eine lebendige und beseelte anzunehmen. Diesen Akt des Grundvertrauens, die Welt ohne jede Voraussetzung als beseelt und damit göttlich anzunehmen, diesen Akt bezeichne ich im christlichen Sinne als Glauben *(faith).* »Gott« ist für mich keine Annahme, nicht Teil einer Weltanschauung, sondern der Name, den ich meiner Art von Daseinserfahrung gebe beziehungsweise dem, was meiner Daseinserfahrung zugrunde liegt – dem Großen Geheimnis.

Von daher erscheint mir auch die Bedeutung des Satzes der Evangelien klar, daß »verloren« ist, wer den Glauben nicht hat.

Wenn ich dieses ursprüngliche Vertrauen in die Lebendigkeit der Welt (Gott) nicht habe, wenn ich mich nicht dazu entscheiden kann, gebe ich damit meine eigene Wesenhaftigkeit (Seele) auf. Was bleibt, sind wesenlose Strukturen in einem gleichgültigen Universum. Das ist »Verlorensein«.

Ich hörte also auf, ständig gegen ein absurdes Gottesbild anzukämpfen und anzudenken, das sich meines Erachtens gar nicht verstehen läßt und das wohl für viele moderne Menschen das größte Hindernis zu einem religiösen Leben darstellt. Statt dessen ging und gehe ich davon aus, daß immer, wenn von »Gott« die Rede ist, wenn zum Beispiel Jesus von Gott spricht, etwas gemeint ist, was ich verstehen und erfahren kann – das Große Geheimnis am Grunde unseres Lebens.

Vieles klärte sich einfach, wenn ich die Begriffsbestimmungen in umgekehrter Richtung las, als es üblich ist. Meist wird von einem Gott her gedacht, den man sich – wenn man ehrlich ist – irgendwie als eine Art höheres Wesen vorstellt. Und über dieses höhere Wesen wird dann ausgesagt (in der Bibel): es sei die Liebe, es sei das Leben, der Weg, die Wahrheit, das Licht und so weiter. Das leuchtete mir nicht ein, denn über dieses Wesen, das da an den Anfang gestellt wird, kann ich das alles nicht wissen. Lese ich umgekehrt: Liebe, Leben, Schicksal, Wahrheit, Licht, Hoffnung – diese Worte bedeuteten mir etwas. Und meine Lebenserfahrung zeigte, daß sie nicht unabhängig voneinander sind, sondern von einem gemeinsamen Zentrum ausgehen, das ich in tiefem Nachsinnen ahnen oder spüren konnte, das mir aber letztlich geheimnisvoll blieb. Diesem verborgenen Zentrum all dessen, was mir im Leben wichtig ist, konnte ich den Namen »Gott« geben – weil Generationen vor mir auch schon dieses Wort benutzt haben.

So hatte ich also wenigstens eine Art Minimalkonsens gefunden, von dem her ich andere Teile der christlichen Überlieferung zu verstehen versuchen konnte. Dieses »Gottvertrauen« war es, was mich an manchen Gestalten der christlichen, abendländischen Geschichte so anzog, Jesus allen voran. Und dieses Gottvertrauen blieb auch unabhängig von aller berechtigten Kritik an diesen Gestalten etwas Großes, das ich bewundern konnte. Mit den geglaubten Meinungen hingegen hatte ich bedeutend größere

Schwierigkeiten. Besonders wenn ich nicht abstrakt dachte, sondern mich meinem Erleben überließ, schwanden oft die präzisen Begriffe in der Intensität der Wahrnehmung.

Alfter, 25. 1. 1990.
Ich stehe auf dem Balkon, schaue auf die weite, graue, sturmgepeitschte Rheinebene – viele winzige Lichter zeigen Hunderttausende Menschen an, von denen ich nichts weiß. Die Wolken ziehen über sie hinweg wie eh und wie sie es noch tun werden, wenn alles, was ich kenne, längst vergessen ist.

Und dann verstehe ich all diese theologischen Gedanken und Feinheiten plötzlich nicht mehr. Ich sehe die Wolken, spüre Wind und Kälte, weiß um viele Menschen, sehe Häuser, Lichter, fühle auch die Erde tief unter mir leise atmen. Wer aber ist Christus? Das alles ist Gott, hinter und in all dem ist das Große Geheimnis. Das weiß ich, sehe ich, atme ich ein. Aber wo ist Christus darin? Woher kann ich all diese theologischen Kleinigkeiten so genau wissen? Was soll es denn, jahrhundertelang Kulte zu vollziehen, die niemand mehr direkt versteht, die vielmehr erst kompliziert rationalisiert werden müssen und dabei ihre ursprüngliche Kraft verlieren?

Vielleicht ist es das: Christus begegnet mir im Menschen, in der Geschichte des Menschen, in den Millionen Gesichtern auf den Straßen der Welt. Wie sollte ich denn auch erwarten, die Menschwerdung Gottes in den Wolken zu sehen? Aber wie finde ich Gott im Menschen anders als in der Abstraktion? Es taugt doch nicht, Gottheit im Menschen zu denken, *wenn ich ihr Angesicht nicht im anderen* sehen *kann. Was ist das für ein Geheimnis, daß sich das Göttliche mit dem Menschlichen verbunden, sich ihm endgültig zugewandt hat? Was ist das für ein stummes Angesicht, das sich aus dem tosenden Meer des Geistes um mich erhebt?*

Manchmal löst sich die Welt für mich auf in rätselhafte Formen, die einen Geist verbergen, den ich nicht genug verstehe. Die kleine Blume neben mir, sie blüht seit zwei Wochen, blauviolett. Ich liebe sie, freue mich an ihr jeden Tag – aber was weiß ich schon von ihr, was fühlt sie von meiner Liebe? Ich weiß so gar nichts, stehe ratlos in einer unendlichen, aufregenden Welt, die mir zugleich so fremd und so vertraut ist, daß mir ganz schwindelig dabei wird. Wenn ich mich in diese Welt hinein auflösen könnte, um sie ein wenig besser zu verstehen, ich glaube, ich täte es. Der Funke Verstehen, den mein Verlöschen im Meer des Geistes hinterlassen würde, er wäre es wohl wert. Vielleicht ist das unsere eigentliche Aufgabe: Funken reflektierenden Verstehens im Weltgeist zu sein. Hegel hat es wohl erkannt, aber nicht gesehen, wie weit wir davon noch entfernt sind. Der Weltgeist ist doch nicht systematisch zu verstehen, sondern nur lebendig – und ewig. Diese lockende Ewigkeit, an der unser geistiges Vermögen erlischt. Gott.

Wie quält es mich, all dies nicht sagen zu können. Könnte ich doch nur schreiben oder dichten. Aber nichts als ein paar Notizen.

Viele Jahre lang hatte ich mit einer Art modernem Polytheismus gelebt, wie man ihn in Europa etwa seit der Renaissance findet, besonders bei Goethe oder den Romantikern. Diese religiöse Haltung ist dadurch gekennzeichnet, daß ich das Göttliche, das an sich unerkennbar bleibt, in vielen Facetten und Gestalten gebrochen erlebe wie das Licht in Farben. Diese Gestalten werden in Form antiker oder anderer Göttinnen und Götter erlebt, wobei ich mir aber stets bewußt bleibe – und das ist wohl der Unterschied zum vormodernen Polytheismus –, daß diese Gestalten keine letzte Wirklichkeit darstellen, sondern der menschlichen Neigung zur Personifikation entspringen. Wirklich ist, wofür sie stehen; aber sie sind keine Subjekte. Es ist eine poetische Religion, voll Ehrfurcht vor dem Wirklichen, vor der Natur und dem darin lebenden Geist, und voll Freude, diese Ehrfurcht in bildhaften oder rituellen Schöpfungen Gestalt werden zu lassen. Dies alles im Wissen, daß die von uns geschaffenen Gestalten älter sind als wir und uns auch lange überdauern werden, auch wenn sie vergänglich sind. Sie lassen die geheimnisvolle letzte Wirklichkeit durch sich hindurchscheinen, wie es auch die Natur selbst tut oder wie es heilige Texte und Bilder (wenn schon in geringerem Maße) tun. Diese bewußte, reflektierte Form des Umgangs mit göttlichen Personifikationen findet sich auch im gebildeten Buddhismus, Hinduismus, Taoismus oder Schamanismus, in denen ich enge Verwandtschaft zu meiner Haltung sah. Entsprechend wenig Verständnis hatte ich für Christentum, Judentum und Islam, deren Vertreter genau zu wissen behaupten, wie ihr Gott *wirklich* ist und was er persönlich ihnen gesagt hat. Nicht die einfache Tatsache störte mich, daß sie mit einer Gottheit Kontakt gehabt hatten, beziehungsweise ihre Religionsstifter. So etwas ist ja nichts Besonderes. Mich störte die Unreflektiertheit, mit der sie das, was sich darin geäußert hatte, gleich als die letztgültige Wirklichkeit deuteten. Und das in bezug auf Erlebnisse anderer Menschen, von denen sie nur vom Hörensagen wußten.

Auf dem Hintergrund meiner Erfahrungen hatte ich auch keine Schwierigkeiten, mir Wesen vorzustellen, die nicht nur archetypische Personifikationen, sondern wirkliche Wesen mit eigenem Willen sind. Alle Kulturen haben solche Wesen gekannt und sind ihnen begegnet. Aber sie sind nicht, was ich »Gott« nennen würde.

Alles, was ich über den christlichen Gott wußte und gehört hatte, wie die Kirchenlieder und Gebete über ihn und an ihn sprachen, alles deutete darauf hin, daß da ein solches höheres Wesen verehrt wurde. Er hat bestimmte, deutlich abgrenzbare Eigenschaften (auch wenn die Theologen dies abstreiten, so könnte sie doch jeder Laie im christlichen Kulturkreis auf Anhieb nennen): männlich, alt, allmächtig, richtend, überirdisch, beherrschend, sinnesfeindlich, bei Gehorsam auch gütig, liebevoll und barmherzig. Er ist dagegen nicht: weiblich, erotisch, kindlich, lustig. Also ganz klar ein Gott, neben dem es andere Götter und vor allem Göttinnen geben mußte, die andere Aspekte der Lebensvielfalt ausdrückten. Sonst wäre ja auch die Eifersucht dieses Gottes auf die anderen unsinnig. Der letzte Lebensgrund kann dagegen nicht »eifersüchtig« sein. So erschien mir der christliche Gott als eine Art Big Boss im Geiste, genau als der Über-Vater, den Freud und Feuerbach so treffend kritisiert hatten – der »Herrgott«, wie der Volksmund so schön sagt. Ich hielt also die jüdisch-christliche

Kultur für im Prinzip polytheistisch, nur hatte man sich offenbar auf eine der möglichen Gottheiten festgelegt und lächerlicherweise diese für den einzigen erklärt. Mit diesem Big Boss, diesem eifersüchtigen, richtenden und sinnesfeindlichen Himmelsgott wollte ich nichts zu tun haben – und will es natürlich auch immer noch nicht. Ich wußte wohl, daß es ihn gab, daß er eine mögliche archetypische Erscheinungsform des Heiligen war, aber eine sehr unsympathische, mit der zudem sehr unreflektiert umgegangen wurde.

Allein wenn ich in einer klaren Nacht unter dem Sternenhimmel stand und meine Sinne und meine Vorstellung in diese ungeheuerliche Weite wandern ließ, wurde mir unmittelbar klar, daß der Geist, der dieses unvorstellbare Universum erfüllt, nicht solche kleinkarierten Eigenschaften hat und sich nicht für das persönliche Wohlergehen eines Herrn Paulus oder Petrus interessiert. Draußen, gegenüber der unendlichen und wundervollen Natur, stiegen immer wieder solche Gedanken und auch Ärger in mir auf: Wie absurd ist doch ein derartiges Gottesbild, allein schon gegenüber der Schönheit und Unbegreiflichkeit der Natur, ganz zu schweigen von all dem, was wir Menschen nicht sehen und erkennen können. Kein Wunder, daß das Christentum fast immer natur- und kosmosfreundlich war. Vielleicht gibt es dieses mächtige Himmelswesen sogar, einen Großen Boß für die Geschicke der Menschheit – aber der hätte nichts mit dem Geheimnis zu tun, das sogar über unseren Kosmos hinausgeht. Theologen sprechen oft etwas abfällig über die »kosmische« oder »natürliche Religiosität« der Nichtchristen. Ich finde, kosmische Religion ist etwas Großartiges. Und das Christentum steht noch an zu zeigen, daß es tatsächlich darüber hinausgeht und nicht nur hinter der Heiligkeit der Welt zurückbleibt.

Soweit mein Ausgangspunkt, mit dem ich aber nicht zufrieden war. Für gewisse Formen christlicher Theologie und Praxis halte ich diese Sichtweise und Kritik allerdings heute noch für angemessen. Und ich glaube, daß es genau dieses immer wieder vermittelte Gottesbild ist, das für viele Zeitgenossen so absurd wirkt, daß sie sich von Religion überhaupt abwenden. Spreche ich mit Theologen darüber, so sagen sie mir immer leicht entrüstet, das wären doch alte Kamellen, dieses Gottesbild sei doch längst überwunden. Nur weiß das anscheinend außerhalb der Theologenkreise niemand. Kult, Gesang- und Gebetbücher sowie die religiöse Haltung in unserer Kultur tradieren es weiter. Fragte man »den Mann, die Frau auf der Straße« nach dem christlichen Gott, so würden die allermeisten sicherlich die Figur beschreiben, mit der ich mich auseinandergesetzt habe. Der Gott einer Kultur ist nicht der Gott ihrer theologischen Spezialwerke, sondern der Gott ihres Kultes.

Aber ich wußte, daß ich nur einen Teil der Wahrheit verstanden haben konnte, vielleicht auch nur ihre verbreitete Karikatur. Eine ganz neue Sichtweise ergab sich mir, als ich der jüdischen Religion in Gestalt chassidischer Geschichten von Buber, Wiesel und Heschel begegnete. Die erzählende Theologie der Chassidim sprach mich sehr an, und sie erzählte von einem ganz anderen jüdischen Gott als dem, den ich aus den gängigen Klischees kannte. Diese Gottheit begeisterte die Menschen, ließ sie lachen und weinen, hatte Sinn für die oft tragische Komik ihres Lebens, war ihnen einfache nahe.

Rabbi Heschel beschreibt, wie sehr chassidische Gläubige im Thora-Studium aufgehen konnten. Es kam vor, daß ein junger Mann aus seinen Meditationen heraus auf die Straße rannte und schier außer sich vor Freude rief: *»Sch'ma, Jissrael, Höre, Israel, dein Gott ist* ein *Gott.«* Und die Menschen verstanden ihn.

Ist das nicht ganz anders? Eine Gottheit, die berauschen kann, mitreißen, begeistern. Haben vielleicht die frühen Christen etwas davon gehabt und es in die Welt getragen? In der (lesenden) Begegnung mit den Chassidim bekam ich eine Ahnung von der Begeisterung, die einst das jüdische Volk ergriffen und durch die Jahrhunderte begleitet haben muß, als es erkannte: Dein Gott ist *ein* Gott. Es gibt nur *eine* letzte Wirklichkeit, die sich zu verehren lohnt! Höre, Israel, dein Gott ist *einer.* – Auch wenn sich diese alles erschütternde Erkenntnis, die alle Mythen und Riten in den Schatten stellte, immer wieder mit den Vorstellungen von höheren Wesen vermischte und dies bis heute ins Christentum hinein tut, so hat doch das Judentum der Menschheit die große

Botschaft gebracht: Dein Gott ist *einer*! Der Mensch ist groß genug, nur die eine, ewige, unerkennbare Quelle des Universums zu verehren, die keine Eigenschaft hat als: »Ich bin, die ich bin.«

Vielleicht mußten die jüdischen Weisen, die erkannten, wie weitreichend ihre Einsicht war und wie schwer zu begreifen, das Bild eines männlichen, rächenden und eifersüchtigen Gottes aufgreifen, der »keine anderen Götter neben sich« duldete, um die Einsicht über schwierige Zeiten zu retten. Aber vielleicht weist das Bild des rächenden Gottes auf etwas ganz anderes hin, was gerade wir modernen Menschen täglich erfahren müssen: Die Ganzheit »rächt« sich an uns, wenn wir einseitig leben. Rächt sich, indem unser Körper an einseitiger Lebensweise krank wird oder unsere Kultur an Ideologien. Für das gottlose Leben haben wir ein anderes Wort: Entfremdung. Und wir wissen auch, daß die »Rache« für ein einseitiges, ein gottloses Leben Generationen weit reichen kann. Alles, selbst das abstoßende Bild eines rächenden Gottes, wird sofort sinnvoll, wenn wir uns »Gott« nicht als *jemanden* vorstellen, der willkürlich Rache für Ungehorsam übt, sondern als die Ganzheit des Lebens und des Geistes selbst.

Die Weisen aller Völker werden immer gewußt und geschaut haben, daß hinter ihren vielen Göttern die Einheit ist, das Große Geheimnis. Unsere Kultur aber hat der jüdischen Religion zu verdanken, daß diese Einheit des Göttlichen in die Mitte des allgemeinen religiösen Lebens gesetzt wurde. Vielleicht liegt es in der Natur einer polaren Welt, daß alle Bewegungen den Schatten ihres Gegenteiles mit sich führen. Kein Volk wurde so zerstreut wie das jüdische, und keine Religion ist so zersplittert wie die christliche – Schatten der Sehnsucht nach Einheit.

Es war zwar nicht einfach, einen so schwer belasteten Begriff wie »Gott« konsequent neu zu verstehen. Unterschwellig meldet sich immer wieder der männliche richtende Herrscher. Aber ich kann einen Begriff nur erlösen, indem ich bei ihm bleibe und ihn neu fülle. Von da an las und dachte ich alles neu, und es ergab

Sinn. Ich konnte wieder von »Gott« sprechen und denken, ohne ein peinliches Gefühl dabei zu haben. Weil mir dieser Ausgangspunkt sehr wichtig war und ist, bin ich diesen Gedankengängen hier ausführlich gefolgt. Aber mehr als ein Anfang war es noch nicht. Da gab es genügend andere Hürden im christlichen Glaubenssystem: die Dreifaltigkeit, die personale Gottheit, die Menschwerdung Gottes, den Heiligen Geist, Gott als König und anderes, was auf einem neuen Hintergrund verstanden werden wollte. Mir ging es schließlich nicht darum, die Vielfalt der christlichen Überlieferung mit einem eingängigen Gottesbild zu planieren. Gerade die seltsame und befremdliche Fülle zog mich ja an.

Besonders ratlos machte mich deshalb die Personalität Gottes, die ich beim besten Willen nicht in meine Sprache übersetzen konnte, die aber unbedingt zum Christentum gehört. Was bleibt mir noch an Verständnismöglichkeiten, wenn »Gott« nicht *jemand* ist, nicht ein Wesen, und auch über die Ebene der archetypischen Personifikationen hinausgeht? Es gab keine für mich denkbaren Wege mehr, mir sinnvoll zu erklären, was die Christen damit meinen könnten, zumal die Aussagen über »Gott« mehr auf die für mich nicht annehmbaren Möglichkeiten deuteten. Nur allmählich keimte eine Antwort in mir, die sich allerdings nur schwer *denken* ließ. Ein Versuch: »Gott«, der alles umfassende Geist dieser Welt, von dem ich nur am äußersten Rande meines Bewußtseins in seltenen Augenblicken eine Art Erkennen vernehme, trägt auch das in sich, was wir an uns selbst als »Person« bezeichnen. Personalität ist eine Eigenschaft, die ich am Geistigen wahrnehmen kann. Wie die Züge eines Gesichts im Gewebe des Lebens. Nicht ein Gesicht, das ich dort hineinsehe wie Gesichter in eine Baumrinde. Nein, ein verborgenes Angesicht, das sich mir von den Grenzen meines Seins her rätselhaft zuwendet. Eine ganz neue Dimension im Begreifen des Göttlichen öffnet sich dadurch: die Begegnung nicht mit göttlichen *Personen* oder *Personifikationen*, sondern mit dem Wesen des Personalen überhaupt, mit der Quelle dessen, was Bewußtsein und Subjektsein erst ermöglicht. Mit jener wachen Quelle, die es erst möglich macht, daß wir die Welt als ganze nicht nur vorfinden, sondern ihr in ihrem Grunde *begegnen* können. Da tritt mir das Göttliche aus seiner Abstraktheit heraus, die ihm bisher als »letztem Grund des Seins« anhaftete. Muß nicht das flimmernde Meer des Geistes, das alle Eigenschaften in sich trägt, auch Quelle des Persönlichen sein? Wie anders wirkt auf mich die Welt, wenn ich auf sie nicht als eine Emanation eines abstrakten Urgrundes schaue, sondern in ihr das leise Beben eines Angesichtes ahne, die dünne, tastbare Oberfläche eines ungeheuren Bewußtseins, die Weite des Universums nicht erfüllt von neutralem Sein, sondern von *Wachheit.* Um wieviel schöner ist alles Schöne, wenn es nicht nur *da* ist, sondern wach und gewollt ist.

Vielleicht steckt das in der Idee des Johannesprologs, daß im Anfang nicht das Sein war, sondern das *Wort.* Nicht Etwas, nicht eine Energie, sondern aus sich selbst quellendes Bewußtsein, Wesen.

Überlegungen wie diese beeinflussen nicht nur meine Meinung und Wahrnehmung, sondern auch ganz praktisch meinen inneren Weg. Durch die autoritäre Struktur des kirchlichen Glaubens ist ja auch das Beten selbst in Verruf geraten, und ich konnte erst unter der hier beschriebenen Perspektive wieder etwas damit anfangen. Kürzlich sprach ich auch mit einem Bekannten, der von sich sagte, er könne nicht beten. Es sei ihm peinlich und ungewohnt. Ich bin aber der Überzeugung, daß wir alle beten können, daß beten ein natürliches Bedürfnis ist wie zärtlich zu sein – was auch niemand lernen muß.

Vielleicht ist es das: zärtlich sein mit »Gott«. Das läßt sich nur in engem Kontakt mit dem Großen Geheimnis lernen (und vor allem: engem Kontakt mit sich selbst), nicht aus Büchern. Es ergibt sich einfach daraus, daß ich anfange zu beten: unbeholfen zunächst, ungeschickt, peinlich von mir selbst berührt, wie das erste Schmusen in der Pubertät. Aber dann bricht es einfach durch mit der ganzen Kraft eines unterdrückten Bedürfnisses – der zärtliche Umgang mit dem weisen, liebevollen, ewigen Urgrund der Welt und meiner Seele.

Spricht der eine: »Alles, was man
über Gott sagen kann, ist Gott.«
Spricht der andere: »Alles, was man
sagen kann, ist nicht Gott.«
Spricht Meister Eckhart:
»Beide reden wahr.«
Und ich denke:
So zart ist also die Gottheit!
Die Zangen der Logik fassen sie nicht.

KURT MARTI[1]

Die Hasen und der Kelch

Bonn, 19. Juni 1988.
Gestern das erste Mal auf einer katholischen Tagung gewesen – über New Age. Man hatte mich als Vertreter einer schamanisch orientierten neuen Religiosität eingeladen. Ich war auf Ablehnung und harte Diskussionen eingestellt, nicht aber auf die offene, gesprächsbereite Atmosphäre. Am meisten beeindruckte mich ein junger Theologe und Priester, von dem man mir sagte, er sei als hard-liner eingeladen und solle die Position der Amtskirche vertreten. Michael Fuß lehrt an der Gregoriana, der päpstlichen Universität in Rom, und das ließ nicht nur mich enge, dogmatische Stellungnahmen erwarten. Und dann noch zu New Age! Aber ein harter Kirchenvertreter scheint wohl bei solchen Veranstaltungen obligatorisch zu sein, besonders wenn es um brisante Themen geht. Er wurde zur großen Überraschung. Seine Offenheit stellte alles in den Schatten, was ich bisher von Theologen gehört hatte: Bereitschaft, auch von den neuen Religionen zu lernen; Ökumene auch über die Grenzen des Christentums hinaus; ehrliche und kritische Toleranz gegenüber anderen Religionen und Auffassungen. Manch ein kirchentreuer Teilnehmer wurde mehrfach blaß, als er seinen offiziellen Vertreter so reden hörte – und ausgerechnet über New Age.

Viel beeindruckender war für mich aber seine überzeugende christliche Haltung. Ein Christ, der ständig aus seiner Religion heraus zu leben und zu denken scheint – und dies nicht penetrant moralisierend tut, sondern lebhaft und nachvollziehbar. Er ist in seinem Glauben so sicher und so zu Hause, daß Offenheit für anderes nicht mehr ein Kompromiß oder ein Zeichen der Schwäche ist, sondern ein selbstverständliches Interesse an der Welt. Eigentlich sollte das überhaupt selbstverständlich sein, ist mir nur bei Theologen noch nicht so begegnet.

Mich beschäftigt noch, was er über die Dreifaltigkeit sagte –

an sich ja ein eher abgelegenes Thema. In Michaels Worten wurde aus einem hoffnungslos unmodernen Symbol plötzlich eine spannende und wichtige Möglichkeit, ein in sich dynamisches, bewegliches Gottesbild im christlichen Rahmen zu finden. In der neureligiösen Szene ist das Yin-Yang-Symbol des Taoismus sehr beliebt. Es stellt die Polarität des Seins dar. Gegenüber dieser eher statischen Polarität bildet die Dreiheit in einem Kreis von selbst eine Dynamik – eine Gottheit, die mit sich selber tanzt. Nun kreist in mir seit vorgestern das Trinitätssymbol, nimmt ständig neue Formen an und wird immer interessanter. Mich wundert, warum dieses Zeichen göttlicher Vielfalt und Dynamik nicht viel stärker von Theologen aufgegriffen wird. Daß ein solches Zeichen viele Menschen ansprechen kann, zeigt ja die Beliebtheit des asiatischen Yin-Yang-Kreises. Warum nimmt nicht das in unserer Kultur beheimatete Dreifaltigkeitszeichen diese Stelle ein? Es ist doch viel schillernder, läßt viel mehr Bilder aus sich hervorgehen. Vor allem spricht es eine ganz andere Dimension an als die leidige, allen lebendigen Geist austreibende moderne Deutung der »Selbstorganisationsdynamik des Universums«, die sich in manchen New-Age-Kreisen als Begriff für den Geist durchsetzt: der größte Sieg des mechanistischen Weltbildes, das nun Gott nicht mehr leugnet, sondern okkupiert. Dann lieber die Trinität.

In ihr kann ich drei Aspekte des Göttlichen verstehen, die mir bislang nicht zusammenzupassen schienen. Einmal ist da der Aspekt des »Vaters«, des unerkennbaren Ursprungs, aus dem alles Sein stammt. Dann sehe ich den Aspekt des »Sohnes« als die personale Seite des Großen Geistes, als die Seite, die uns Menschen am nächsten und zugewandt ist. Die Tradition spricht auch von Christus als dem Logos, der »im Anfang bei Gott« war, dem Kosmischen Christus. Und der »Heilige Geist« wäre die nichtpersonale Seite des göttlichen Grundes, die sich uns in der manifesten Welt zeigt und uns erlebbar wird als die Lebenskraft, die alles durchzieht, der energetische Aspekt Gottes. So kann ich »Vater, Sohn und Heiligen Geist« erleben und ansatzweise verstehen. Daß die Tradition uns männliche Figuren überliefert, ist Pech. Aber ich glaube, heute ist klar, daß »Vater« auch »Mut-

Russische Ikone: Die Heilige Dreifaltigkeit, Rublew, 15. Jahrhundert

ter« heißen muß und über das Geschlechtliche hinausreicht. Und daß der Heilige Geist vom hebräischen Ursprung her weiblich ist, wird sich sicherlich noch herumsprechen.

So wirbelt aus der Dreiheit im Kreis ein Reigen christlicher Symbole und Gestalten, ein vielfältiges Bild unendlicher Gottheit: Vater, Sohn, Heiliger Geist, die göttliche Energie, die Weisheit im Anbeginn der Zeiten, die Himmelskönigin, die Frau Maria, ihr Sohn Jesus, der Kosmische Christus, der Logos, das Ewige Wort, das reine Bewußtsein, der kosmische Urgrund, der Vater, die Mutter, die Gottesmutter – Trinität als ein göttliches Kaleidoskop, unendlich einander hervorbringende, zeugende und gebärende Dreiheiten.

Endlich habe ich ein christliches Symbol gefunden, das mir nicht nur mühevoll verständlich wird, sondern das aus sich heraus Verständnismöglichkeiten für mein geistiges Erleben erschließt, die ich zuvor nicht hatte.

Das Symbol der göttlichen Dreiheit ist uralt und steht im Mittelpunkt vieler Religionen. Insofern ist es ein ökumenisches Symbol, das von sich aus Brücken zu anderen Bilderwelten schlägt. Viele Gottheiten treten in Dreiergruppen auf, wie etwa die dreifaltige Göttin der Kelten, wie Shiva, Brahma und Vishnu in Indien oder die ägyptische Gruppe Isis, Osiris und Horus.

Interessant ist in diesem Zusammenhang auch die Spannung zwischen der Dreiheit und der Vierheit in der christlichen Symbolik, auf die schon C. G. Jung hingewiesen hat. Die Drei ist dynamisch, aber unvollständig, während die Vier wieder statisch ist, aber die Zahl der vollständigen Manifestation, der Erde. Besonders schön drückt sich diese Spannung auf Bildern aus. So etwa tritt auf vielen Bildern der Trinität Maria hinzu als die Himmelsgöttin, die die Vierzahl vollständig macht. Das schönste mir bekannte Dreifaltigkeitssymbol sind die drei Hasen des bekannten Paderborner Domfensters. Die im Kreise springenden Hasen versinnbildlichen eine kraftvolle Dynamik der Drei. Und der Hase ist seit alters das Tier der Göttin (der Osterhase!), was der damalige Dombildhauer vielleicht noch wußte und so einen Hinweis gab

Die dreifaltige Gottheit stellt eine Einheit dar, auch wenn sie in verschiedener Weise erscheinen kann. Das Motiv der drei Hasen in christlichen Kirchen geht wahrscheinlich auf die vorchristliche Mondsymbolik zurück.

auf die Spannung der männlichen Drei zur Vier, die als weiblich galt. Ganz sicher geplant ist der Bezug aber auf der berühmten Dreifaltigkeitsikone von Rublew aus dem 15. Jahrhundert: Die drei göttlichen »Personen« sitzen, ununterscheidbar, um einen rechteckigen Tisch, auf dem ein Kelch steht. Der Kelch, ebenfalls ein uraltes Symbol göttlicher Weiblichkeit, bildet das optische Zentrum des Bildes und macht die Spannung zum Weiblichen hin, zur Vierheit, mehr als deutlich. Selbst in der häufigsten rituellen Geste der Christen findet sich diese Spannung noch wieder: Das Kreuzeszeichen, das doch eindeutig vierzählig ist, wird im Namen der Dreifaltigkeit geschlagen. Solche Dinge, die uns heute unwesentlich oder zufällig erscheinen, waren aber zur Zeit ihrer Entstehung äußerst wichtig und trugen tiefe Bedeutung. Was gibt es nicht alles noch zu entdecken in unserer abendländischen Symbolik?

Es hat mich mit vielem in der christlichen Theologie versöhnt, dies alles zu finden. Ausgerechnet die sonderbare Dreifaltigkeitslehre erwies sich plötzlich als höchst modern und wurde mir zum

Schlüssel des christlichen Gottesbildes. Nachdem mir die christlichen Grundsätze der Personalität Gottes und sogar der Trinität derart wichtige Aufschlüsse und ganz unerwartete Sichtweisen gaben, war ich gespannt, was in dieser Auseinandersetzung noch auf mich zukommen würde. Gerade die sperrigen und bis dahin nur absonderlichen Dogmen begannen mich zu reizen. Vielleicht gab es um so größere Reichtümer zu entdecken, je mehr Mühe sie am Anfang machten. Was mein Verstand sofort begreift, das enthüllt mir meist keine großen oder unerwarteten Tiefen mehr.

Königsmünster, 22. 1. 1990.
Ich sitze auf einer der leeren Bänke in der Abteikirche, schaue auf den über dem Altar schwebenden Christus mit der Krone und denke über einiges nach, was mir von den Psalmengesängen des Chorgebets hängengeblieben ist.

Gott als Herr und König? Was soll ich mit diesen Ausdrücken anfangen, die ganz der feudalistischen Bilderwelt entstammen und so durch und durch ein falsches Gottesbild repräsentieren? Noch nicht einmal das, einen Götzen eigentlich nur: einen Gott als Mann, als autoritäre Figur im Himmel, als mächtigen Willkürherrscher, der Gehorsam verlangt. Der hat doch nichts mit dem letzten Grund des Universums zu tun, sondern ist nichts als einer neben anderen Göttern und Götzen, die unterschiedliche, benennbare Eigenschaften aufweisen – und ein ziemlich häßlicher, mieser dazu. Eine Art Kombination der römischen Götter Jupiter und Saturn. Jedenfalls keine Gestalt, die in mir Ehrfurcht, geschweige denn Anbetung hervorruft. Angesichts seiner Geschichte sogar deutliche Ablehnung. Man muß sich ja nicht jeder Gottheit unterwerfen, die sich ein Volk ausdenkt, nur weil sie mächtig ist. Der kosmische Feudalherr ist bei mir also eine Fehlanzeige. Aber was mache ich mit diesen Bildern, die ständig benutzt und besungen werden? Meist hilft es mir weiter, was ich vom Kosmischen her nicht verstehen kann, vom Menschlichen her zu sehen – oder umgekehrt.

Für die Menschen der antiken Welt war doch der König das einzige autonome Wesen. Der König zeichnete sich dadurch aus, daß er nur sich und Gott beziehungsweise den Göttern verantwortlich war. Was er dachte und tat, tat er nicht in bezug auf eine Autorität, sondern in bezug auf das Leben (im Idealfall!). Er handelte (dann) nicht aus Angst, sondern aus freiem Entschluß. Und diese ganz freie und doch voll verantwortliche Stellung kam ihm (im Idealfall) nicht durch äußere Macht zu, sondern von Gottes oder ursprünglich der Göttin Gnaden. Indem ich Christus als das Inbild des Menschlichen ansehe, kann ich ihn dann auch als König sehen: als Zeichen, daß jeder Mensch Königin oder König sein soll – ein selbstbestimmtes, freies und voll dem Leben verantwortliches Wesen.

Erst durch die Bildung von Hierarchien verliert dieses stolze und erhebende Bild des menschlichen Königtums seinen Sinn und verkehrt sich in sein Gegenteil. Die größte Einsicht der Reformation war sicherlich, die urchristliche Idee wiederzuentdekken, daß wir alle gleichermaßen auf Gott, auf den Geist des Lebens, bezogen sind. Wir sind alle Königinnen und Könige, Priesterinnen und Priester und feiern dieses stolze Erleben unserer unaufhebbaren Freiheit und Größe im Bilde Christi. Christus ist König, bedeutet dann einfach: Das Göttliche in mir, in jeder und jedem ist höchste Autorität. Die Krone gebührt nur dem Leben selbst.

Natürlich habe ich damit die geschichtliche Bedeutung des Bildes gewaltig gegen den Strich gebürstet. Aber warum eigentlich nicht? Warum sollte ich ein Bild, das ich nun einmal vorfinde und nicht wegdiskutieren kann, nicht mit einem Inhalt füllen, der es mir wieder lebendig, greifbar und fruchtbar macht? Niemand weiß doch, was einmal der wirkliche, »eigentliche« oder ursprüngliche Sinn irgendwelcher Begriffe oder Bilder gewesen ist. Jede Zeit hat sie für sich gedeutet, ich deute sie für mich. Die Zeiten des Feudalismus sind gottlob vorbei; warum sollten wir uns also weiter mit seinen entstellenden Bildern plagen? Abschaffen können wir überlieferte Bilder nicht, aber wir können sie mit ganz neuen Bedeutungen füllen und damit aus der Hand der Reaktionäre und Museumsverwalter befreien.

Bis hierher war ich aber dem zentralen Geheimnis der christlichen Religion noch ausgewichen: Jesus Christus, Gott und Mensch. Daran macht sich der Streit des Christentums mit anderen Religionen fest, daran auch das christliche Bewußtsein, eine besondere Religion zu sein, die sich prinzipiell von den anderen unterscheide. Jesus Christus, der Heiland und Erlöser, der eingeborene Sohn Gottes, der Richter über Lebende und Tote, der Auferstandene, von einer Jungfrau Geborene – was halte ich von ihm? Kein anderer Mensch hat die Menschheitsgeschichte so tiefgehend beeinflußt wie er. Selbst unsere Zeit berechnen wir und mit uns die meisten Menschen nach seiner Geburt. Er selbst scheint für sich in Anspruch genommen zu haben, von Gott gesandt zu sein, wie ein Prophet, nicht aber selbst Gott zu *sein.* Das wäre für einen Juden wie ihn wohl eine ziemlich absurde Idee gewesen. Wie kam es dazu, daß seine Anhänger ihm diese Rolle gaben? Und wie stelle ich mich dazu, daß Jesus Christus – ob zu Recht oder zu Unrecht – in unserer Kultur diese Rolle hat?

Zunächst war mir all das zu fern, zu unzugänglich. Es gab keine Möglichkeit, darüber etwas zu wissen, als was in der Bibel steht. Und ich konnte doch wohl kaum hingehen und den Inhalt eines Buches deswegen für wahr halten, weil es selbst diesen Anspruch erhebt. Immerhin beeindruckte mich die Gestalt des Jesus von Nazareth als Mensch, ganz unabhängig davon, ob er nun wirklich so oder anders war. Mir erschien darin ein Mensch, der radikal seiner Berufung folgte, der *sein* Leben lebte und sich durch nichts davon abbringen ließ. Er ging offenen Auges in den Tod hinein – nicht weil er sich davon irgend etwas versprach oder weil jemand oder ein Vorbild es von ihm so verlangte. Er tat es, weil es *sein* Weg war. Diese Endgültigkeit des Handelns, dieses Leben allein im Angesicht der Ewigkeit konnte mich immer erschüttern, wenn ich darüber nachsann. Wenn ein Mensch Anteil an Heiligkeit haben konnte, dann war es darin: stets und ganz aus der eigenen Berufung und der eigenen Kraft heraus zu handeln, keinerlei Macht auszuüben und unbeirrbar den eigenen Weg zu gehen. Obwohl der Jesus der Geschichten über alle Macht verfügte, setzte er sie nicht ein, bis in seinen Tod hinein nicht – so groß war sein Glaube an seine Aufgabe und seine innere Kraft, an Gott. Das erschien mir als der einzige Weg, den Kreislauf des Leidens, der Machtausübung und Vergeltung zu brechen: indem er der Macht der Mächtigen nichts entgegensetzte, indem er bis in den Tod hinein den Folterern vergab. Das war mir ein erlösendes Bild. Der Weg aus dem Kreislauf der Gewalt und der Gegengewalt, der größte Sieg, den ein Mensch erringen kann. Man kann mich ausziehen und einsperren, quälen und umbringen; aber nichts und niemand kann mir meine Würde und meine Göttlichkeit nehmen. Dadurch hat auch der Mensch Jesus den Tod überwunden: indem er aufrecht in ihn hineinging, leidend, aber ohne auszuweichen. Der Mensch muß sterben, aber er/sie ist größer als der Tod. Das verleiht der Geschichte von Jesus eine Wahrheit, die unabhängig davon ist, was historisch geschah. Und Jesus versuchte auch, dieses radikale Vertrauen zu lehren, ein Vertrauen, wie es heute im Zeitalter der Versicherungen kaum noch nachvollziehbar ist. Wie die Spatzen und die Blumen nicht für morgen zu planen, sondern das Leben ganz so zu leben, wie es jetzt ist – das ist das Reich Gottes. Er lehrte ein Vertrauen auf das Heil, das sich bis in den Organismus hinein erstreckte und auch den Körper heil werden ließ. Nur Vertrauen heilt. Und das Reich Gottes ist nicht irgendwann und irgendwo, sondern hier und jetzt oder gar nicht. Schlagworte, über die jeder satte christliche Bürger zynisch grinst, wenn er sie von Schwärmern oder Hippies hört. Aber dieser erste und radikalste Hippie, dieser arbeitslos vagabundierende Palästinenser hat es gepredigt und gelebt: Wir brauchen uns unsere Lebensberechtigung nicht erst zu verdienen. Wir sind immer schon geliebt, sind vertrauenswürdig und dürfen vertrauen. Das Leben ist einfach für uns da. Kein Wunder, daß er sich damit nicht beliebt gemacht hat. Viel mehr wundert es mich, daß er heute trotzdem noch verehrt wird. Und daß seine Verehrerinnen und Verehrer überhaupt keine Anstalten mehr machen, seine klaren und leichtverständlichen Anregungen in die Praxis umzusetzen. Diese Seite an Jesus verstand ich und liebte ich. Aber gerade diese Seite brachte mich vom Christentum ab, diese Radikalität und Kraft erschienen mir für das Christentum völlig untypisch. Der Weg des Menschen Jesus hatte offenbar nichts mit dem Christentum zu tun. Gerade in seiner Radikalität fühlte ich mich mit ihm verbunden. Darin konnte ich verstehen, daß er ein »Gesalbter«, ein *»christos«* war, einer also, der aus göttlicher Vollmacht handelte, das heißt direkt und unvermittelt aus den Quellen des Lebens heraus – radikal, aus den Wurzeln. Der so eng mit dem Leben verbunden war, so selbst-los aus seiner Fülle handelte, daß er sagen konnte, er *sei* das Leben. Der nicht auf irgendwelche fernen Ziele verwies, auf irgendwelche metaphysischen Absicherungen, sondern das »Reich Gottes« jetzt und hier verkündete.

Bonn, 21. 2. 1988.
Wenn der Gesalbte mir etwas zeigen kann, was über die ruhige Verklärtheit des Buddha hinausgeht, dann liegt es darin:

Ich kann mir kein Bild größerer Einsamkeit und Verzweiflung vorstellen als diesen Mann, der da am Kreuz hängt, von seinen Feinden gefoltert, von seinen Freunden verleugnet, von seinem Volk geächtet, der sich an nichts gehalten hat als an den Vater, an den er glaubt, und der dann sagen muß: »Mein Gott, mein Gott, warum hast du mich verlassen?« – Tiefer kann man nicht sinken. Und dahin freiwillig und aufrecht zu gehen, offenen Auges, weil es zum eigenen Weg gehört: Das ist die Größe des Menschseins. Und solch eine Tat ist unnachahmlich, denn jedes Leben entfaltet sich anders. Nachahmung ist Gottesverachtung.

Dieser Jesus hat seinen Schülern keine Übungen gegeben, mit denen sie irgendwohin kommen sollten. Das »Reich Gottes« ist einfach da, wo wir sind. Wo sonst? Nicht nur in der Verklärung der Meditation, sondern in der Qual des Kreuzes, in der Ekstase der »Auferstehung«, bei den Nutten und kleinen Gaunern, mit denen Jesus speiste, beim Abendmahl mit seinem Lieblingsjünger an der Brust und bei seinen fröhlichen und dramatischen Wanderschaften durch Palästina.

Aus dieser Haltung lerne ich viel. Es liegt darin eine gewaltige Kraft. Aufrecht durchs Leben zu gehen. Dem Leben noch einmal die Wange hinzuhalten, nicht aus Feigheit, sondern aus Mut. Offen weiter meinen Weg zu gehen, statt trotzig nach einer besseren Welt zu strampeln und darüber die Wirklichkeit zu vergessen. Darin liegt vor allem Freiheit, die einzige Freiheit, die wir haben.

Aber Jesus Christus hat auch eine ganz andere Seite, die ich menschlich nicht begreifen kann. Was hat er nicht alles für sich in Anspruch genommen: Er sei *der* Menschensohn, das göttliche Wort selbst, der Weinstock, das Leben, der Weg und so weiter. Es ist doch im höchsten Grade vermessen, daß ein Mensch sich so sieht. Auf die Spitze wird es dadurch getrieben, daß er auch noch der *einzige* Weg sein will: »Niemand kommt . . .« Stellen Sie sich vor, der Sohn des Schreiners aus dem Nachbardorf käme mit solch einem Anspruch zu Ihnen! Und genau so muß es doch für die Leute in Galiläa gewesen sein. Wenn ich das dem Menschen Jesus aus dem Dorf Nazareth zuschreiben will, muß ich sagen, daß er mir leid tut.

Diese Seite der Geschichten kann ich nur als Ausdrucksformen des Göttlichen verstehen, als mythische Sprache. Die christliche Tradition bezeichnet die personale Seite des Göttlichen als den Logos, als das Wort, den Messias. Und dieses göttliche »Ich bin« begegnet dem Menschen nicht nur in der Weite des Kosmos oder in der Tiefe der Meditation, sondern auch im Menschen. Der Ur-Geist bekommt beziehungsweise gibt sich ein menschliches Gesicht. Nur das Leben selbst kann all diese Aussagen über sich machen, die die Evangelien dem Menschen Jesus in den Mund legen.

Und dann wird auch ihr Anspruch auf Exklusivität sinnvoll: Natürlich gibt es ein geistiges Prinzip in der Welt und im Menschen, das den einzigen Weg zum Göttlichen darstellt. Dieses wird von den Menschen aller Kulturen als das Licht, als das Dunkel, als die Wahrheit, als die Lebenskraft, als das kosmische Wort erfahren und auch oft in Form von Wein und Brot symbolisiert. Dieses Prinzip oder Wesen wird in jeder Kultur anders genannt – die christliche Kultur nennt es den kosmischen Christus, der vor allem Anfang war, das ewige Wort des unerkennbaren Urgrundes. Das ist die Adresse der Hymnen in den neutestamentlichen Briefen und der Sinn des paulinischen Satzes: »Nicht mehr ich, sondern Christus lebt in mir.«

Mühevoll genug kann ich mich so von zwei Seiten an die Gestalt Jesu Christi annähern: an den Menschen Jesus und an den göttlichen Logos, an Christus. Was mir als das eigentliche Geheimnis der christlichen Überlieferung bleibt: daß sich die personale Seite der Gottheit, das Wesen des ganzen Kosmos in dem einen Menschen Jesus aus Palästina so umfassend und endgültig ausgedrückt haben soll, daß man von einer Identität reden kann. Diese Vorstellung erschien mir zuerst abwegig, dann unverständlich und jetzt geheimnisvoll. Mysterium Fidei, Geheimnis des Vertrauens – wenn das kosmische Wort Mensch geworden sein soll, dann ist Jesus Christus nicht *ein* Mensch, sondern *der* Mensch. Der Adam (das heißt: Mensch). Und dann ist der Mensch etwas ganz anderes, als ich bisher gedacht hatte.

Durch den Keller zum Altar

Vor Jahren, als Studienanfänger, besuchte ich auf Drängen eines damaligen Bekannten eine Veranstaltung: »Christ sein ohne Kirche?« Es sprach ein Kölner Bischof, an dessen Namen ich mich nicht mehr erinnere. Nach vielen rhetorischen Fragen und spitzfindigen Überlegungen kam er zu dem Schluß, den der aufmerksame Zuhörer schon längst ahnen durfte: Christ sein kann man nur in der Kirche! In der katholischen natürlich - das hat er aber nicht laut gesagt. Ich ging kopfschüttelnd hinaus und dachte mir, daß ich viel eher ohne Kirche als mit Kirche Christ sein könnte. Zwar war mir die Frage damals nicht wichtig; aber vorausgesetzt, man war ernsthaft Christ - nicht nur aus gesellschaftlicher Anpassung, so konnte ich nicht verstehen, wie sich das mit einer Mitgliedschaft in solch einer Kirche vereinbaren ließ.

Nun bin ich selbst in die mißliche Lage gekommen, mich mit der geschichtlichen Gestalt des Christentums auseinandersetzen und mich fragen zu müssen, was sie mich angeht und inwieweit ich dazu gehöre. Gemessen daran waren meine anfänglichen Bemühungen um die christliche Religion noch gemütlich. Es handelte sich hauptsächlich um Begegnungen mit der geistigen Gestalt, um Fragen und Öffnungen auf der spirituellen Ebene. Auch wenn es mir nie richtig gelang, versuchte ich doch, meine Kritik außen vor zu lassen und »das Wesentliche« des Christentums zu entdecken, seine positive Essenz. Doch mußte ich mich irgendwann der einfachen Tatsache stellen, daß sich eine Religion nicht allein abstrakt oder »spirituell« verstehen läßt, daß es letztlich kein anderes Christentum gibt als das geschichtlich gewordene in seinen vielfältigen Gestalten. Ich mußte meine grundsätzlichen Einsichten irgendwie auf das real existierende Christentum beziehen und auch zu den Christen in meiner Umgebung in ein anderes als ein beobachtendes Verhältnis treten. Dabei erwiesen sich die zeitweilig suspendierten Kritikpunkte und Abneigungen als handfeste Hindernisse.

Eine Zeitlang unterlag ich der Versuchung, das Christentum aufzuspalten in ein »gutes« Christentum: was Jesus eigentlich gemeint hat, das Urchristentum, das Christentum der Mystikerinnen und Mystiker, ein innerlich verstandenes, tolerantes Christentum, die Naturliebe des Franz von Assisi, die Gerechtigkeitsliebe der Propheten, das sozial engagierte Christentum und die Befreiungstheologie, die christlich inspirierte Kunst und Musik, das Christentum und Judentum eines Chagall, Buber, Wiesel, einer Simone Weil und Dorothy Day, eines Martin Luther King oder Meister Eckhart. Und in ein »böses« Christentum: der eifersüchtige Rachegott, Gott als personaler Herrscher, die sinnentleerten Rituale, die Körperfeindlichkeit, die Naturfeindlichkeit, die verlogene Moral, die kirchliche Autorität in Geschichte und Gegenwart, die Inquisition und die Kreuzzüge, der patriarchale Klerus, die reaktionäre menschenfeindliche Politik, der machtgierige Vatikan, der Papst, die irrationale Theologie, die Mission und der Völkermord an Naturvölkern.

Wie jede solche Aufspaltung ging auch diese an der Wirklichkeit vorbei und half mir letztlich nicht, etwas zu verstehen. Sie diente nur dazu, mich weiterhin mit einer »guten« Sache identifizieren zu können. Schuld an den Verbrechen der Geschichte und dem heute noch andauernden Machtmißbrauch hatten die *anderen*, die Kirchen. Diese Strategie funktionierte lange, da ich als Außenstehender mit den Kirchen und ihren Vertretern kaum zu tun hatte. Die netten, offenen, gesprächsbereiten einzelnen, denen ich immer wieder begegnete, waren eben die Ausnahmen. Und selbst bei ihnen wurde ich nie ein tiefes Mißtrauen los: Wäre ihnen nicht, wenn es darauf ankäme, doch wieder die Autorität der Kirche mehr wert als die Werte ihres Glaubens oder die Menschlichkeit? Wären sie nicht, hätten wir alle dreihundert Jahre früher gelebt, unter denjenigen gewesen, die mich als Heiden, Ketzer oder Hexer gequält und verbrannt hätten? Und wenn es anders ist, warum lehnen sie sich dann nicht wütend und entschieden gegen ihre Kirchen auf, gegen die ständige Entstellung der christlichen Werte, gegen die Unmenschlichkeit, gegen die mangelnde Aufarbeitung ihrer Geschichte? Wo ist die Grenze zwischen Duldung, Beschönigung und passiver Beteiligung? Meine Einstellung zur christlichen Kultur schwankte weit zwischen einem trotzigen Gefühl der Zugehörigkeit und entsetzter, oft verständnisloser Distanz. Beide Haltungen standen gegeneinander oder gingen unvermittelt ineinander über.

Münster, 1. 11. 1989.
Bei all dem wachsenden Interesse am Christentum, vor allem bei jeder echten Annäherung, die ich in mir erlebe, habe ich ein schlechtes Gewissen. Augenblicke lang meine Kritik fahren zu lassen und mich einfach an der Schönheit christlicher Bilder, an einer Liturgie, am Strahlen eines Gebetes zu erfreuen, ja es zu wagen, Gottheit aus christlicher Sicht zu erleben, kommt mir gleich darauf wie ein unverzeihlicher Verrat vor. Gibt mir einen tiefen Stich. Ein Verrat an all denen, die im Zeichen dieses Gottes unterdrückt, gefoltert, ermordet wurden und werden; Verrat an allen, die mit guten Gründen gegen die Unmenschlichkeit dieser Religion gekämpft haben; Verrat an allen Frauen; Verrat an allen friedlichen Religionen der Welt; Verrat an der verachteten Natur, die uns ein eifersüchtiger Dämon zu unterwerfen hieß; Verrat an meinem bisherigen Leben und allen Freunden, die mit mir um andere Formen der Religion gerungen haben.

Es ist, als ginge meine Seele ihre eigenen Wege, als bliebe mir nur, ihr nachzugehen, mich zu wundern oder zu erschrecken, zu verstehen, mich beschenken zu lassen. Ich kann mir die entscheidenden Wendungen im Leben wohl nicht aussuchen. Mich dem zu fügen, ist das wohl »Gehorsam« im tieferen Sinne?

Aber der Verrat bleibt. Er quält mich viele schlaflose Nächte, beunruhigt mein ganzes Denken und Fühlen. Diskutiere ich mit Annelie über christliche Gedanken, die mich ja dauernd beschäftigen, oder gar über die Kirche, der sie angehört, so bekommt sie meinen ganzen Zwiespalt in Form aggressiver Argumente zu spüren. Als könnte ich mich dieser Qual entledigen, indem ich das zerstöre, was mir gerade lieb und wichtig zu werden beginnt.

Es fehlt nicht mehr viel, das spüre ich, bis ich mich selbst dieser

Religion angehörig fühlen muß. Das erfüllt mich mit Scham und Verzweiflung. Denn wie kann ich all das mit tragen oder auch nur ertragen, was von dieser Gemeinschaft unter Menschen und anderen Wesen angerichtet worden ist? Keine andere Ideologie der Menschheit hat eine solche Blutspur durch die Geschichte gezogen, hat mit solcher Grausamkeit gegen Mensch und Natur gewütet. Wie soll ich damit bloß umgehen?

Dahinter sehe ich einen Glanz und muß mir selbst gestehen, daß ich manchmal den Gedanken habe, es könnte in all dem Grauen ein geheimer Sinn stecken. Aber bringe ich es denn fertig, über Leichenfelder und durch Folterkammern zum Altar zu gehen? Ich wundere mich immer wieder von neuem, wie viele Christen das anscheinend problemlos tun. Als ginge uns das alles nichts an. Denen, die mir nahe genug stehen, werfe ich es vor, greife sie damit an, als hätten sie es ganz persönlich getan. Und haben wir das nicht? Können wir uns auf den blutigen Lorbeeren ausruhen, in Kirchen Halleluja singen, die auf den Gebeinen erschlagener Heiden stehen, uns die Eucharistie von Leuten reichen lassen, deren direkte Vorgänger vor nicht allzu langer Zeit hier im Lande Hunderttausende als Hexen totfolterten? Können wir die Beute der Sieger mit genießen, ohne uns für die Opfer verantwortlich zu fühlen? Und vor allem: Können wir das als Christen? – Wenn ich die Frohe Botschaft richtig verstehe, dann ist die Rede davon, daß wir unser Kreuz auf uns nehmen sollen. Wir aber leben im Purpurmantel der Kreuziger. Leben recht bequem darin und bezeichnen uns selbstgerecht als »Christen«.

Wie kann das denn sein? frage ich mich und frage ich manche Christen. Es entsetzt mich, daß darüber ohne Erschütterung »diskutiert« werden kann, als gelte es nur, eine passende Formel zur Entschuldigung für ein Kavaliersdelikt zu finden. Wie wären wohl die Nachfolger der Nazis, wenn diese gesiegt hätten, in hundert Jahren mit ihrer Geschichte umgegangen? Hätte man dann aus der Katastrophe der Judenverfolgung auch ein paar Fußnoten in den Geschichtsbüchern des glorreichen »tausendjährigen Reiches« gemacht, so wie es mit den unzähligen Opfern der Kirchen geschah?

Ich gehöre eindeutig zu den Tätern, überall: als Mann, als Weißer, als Europäer, als Deutscher und nicht zuletzt als Christ. – Wie lebe ich damit? Lebe ich nicht erbärmlich gut mit dieser Last? Was ist das für eine Gemeinschaft, in der niemand dieses Entsetzen über unsere Geschichte mit mir teilt? Wie sollen wir je unsere Verantwortung und das Blut an unseren Händen in Trauer verwandeln, wenn wir nicht einmal die Scham, die Qual und das Erschrecken vor uns selbst fühlen wollen? Und gerade als Christen dürfen wir nie aufhören, es zu fühlen und uns zu erinnern. Sobald wir unsere Ohren vor den Schreien unserer Opfer verschließen, hören wir auch die Stimme des gekreuzigten Gottes nicht mehr.

Von etlichen, die ich in den letzten Jahren darauf ansprach, hörte ich die Formel vom »Leiden an der Kirche«, bis ich sie nicht mehr glauben konnte. Sie würden ja eigentlich ... – doch die Verhältnisse, sie sind nicht so.

Daß die große Masse der gleichgültigen und angepaßten Christen für solche Grübeleien nicht ansprechbar ist, erwartete ich nicht anders. Aber aufrichtig gläubige Menschen mußten doch wie ich bis in ihre Grundfesten erschüttert sein, wenn sie sich der Verantwortung ihrer Religion stellten. Es ist nur verständlich, daß die meisten von ihnen es vorziehen, nicht zuviel darüber nachzusinnen.

In die kritische Phase gerieten diese Auseinandersetzungen, als ich sie mit Menschen führte, die mir zu nahe waren, um mich im Konfliktfall von ihnen distanzieren zu können: mit meinem Freund Thomas, der in der betreffenden Zeit Benediktiner wurde, und meiner Freundin Annelie, die überzeugt katholisch ist. Meine Anfragen und Angriffe gingen zu tief, um sie auf der Sachebene abhandeln zu können. Ich konnte einfach nicht begreifen, wie sie als aufgeklärte und moralisch integre Menschen sich einer derartig totalitären Organisation anschließen konnten, wo es doch innerhalb des christlichen Raumes genügend Alternativen gibt. So ist beispielsweise die altkatholische Kirche ihren eigenen Weg gegangen, als der Papst sich vor gut hundert Jahren für unfehlbar erklärte, und ist, soweit ich weiß, inzwischen dabei, die Frauen zum Priesterinnenamt zuzulassen, hat den Zölibat abgeschafft, ist aber bei den rituellen und spirituellen Überlieferung des Katholizismus geblieben. Ich sah die Kirchen als Vereinigungen, ja fast als Vereine an, aus denen man austritt, wenn es bessere Angebote gibt. Christlich waren sie doch alle. Wieso regt sich denn einer über den Papst auf? Jeder weiß, daß diese christliche Sekte von einem autoritären Führer geleitet wird. Und wem das nicht gefällt, der kann doch woanders hingehen. Ich trete doch auch keinem Rinderzüchterverein bei und versuche dann, die Leute zum Vegetarismus zu bekehren.

In einer hitzigen Debatte gab mir Annelie einen entscheidenden Anstoß, sie und die Kirchenchristen besser zu verstehen: Eine Kirche ist für sie nicht eine Vereinigung Gleichgesinnter, der sie beitritt oder aus der sie einfach austritt. Kirche sei eher einer Familie vergleichbar, in die sie hineingewachsen ist. Auch wenn sie mit dem »Familienoberhaupt« großen Ärger hat und sich auch sonst nicht über alles freut, so ist es doch wie die eigene Familie, mit der sie tief verbunden ist. Man sucht sich bei Konflikten nicht einfach neue Eltern, auch wenn es nettere oder engagiertere gibt. Diese Art von Verbundenheit, so muß ich zugeben, kann ich respektieren, auch wenn ich sie nicht nachvollziehen kann. Ich bin eben nicht in eine Religionsgemeinschaft hineingewachsen und kann mir religiöse Überzeugung nur als eine Frage der freien und bewußten Entscheidung vorstellen. Aber das Bild der Familie traf und begleitete mich sehr lange. Bei allen Fragen des Typs: »Wie kann man nur ...« tauchte es auf und stimmte mich versöhnlicher. Langsam wurde mir etwas deutlicher, was Kirche für viele Christinnen und Christen bedeutet. Die Kirche ist mehr als eine vom Klerus verwaltete Organisation, sie ist nicht einmal dadurch definiert. Kirche ist die lebendige Gemeinschaft aller Gläubigen, unabhängig davon, wie diese zur Leitung der formalen Organisation stehen, und auch unabhängig davon, daß diese Leitung das ganz anders sieht. Als Jesus von seiner »Gemeinde« sprach, dachte er kaum an eine Körperschaft öffentlichen Rechts mit Steuereinzugsbefugnis.

Eine Familie von Menschen mit unterschiedlich geprägten religiösen Vorstellungen also, die ich nicht einfach auf päpstliche Verlautbarungen oder Dogmen festlegen kann. Das öffnete mir eine Tür, die zwar zu schmal war, um hindurchzugehen. Aber die Hand reichen konnte ich dadurch schon. Immerhin.

Es war ohnehin nicht meine Art, die Eingangstür zu benutzen, wie wir in weiteren Gesprächen feststellten. Sobald das Gespräch mit Annelie auf religiöse Fragen kam, war ich mit wenigen Sätzen bei den Verbrechen der Kirchengeschichte und bei ihrer heutigen strukturellen Gewalt. In das große Haus der christlichen Religion ging ich grundsätzlich durch Hinterhof und Keller. Meist blieb ich zwischen den dorthin abgeschobenen Leichen stecken oder verlief mich in Räumen, deren Name »Inquisition« lautete, »Kreuzzüge«, »Hexenverfolgung«, »Sklaverei« oder »Frauenhaß«. Ich wußte, daß es oben recht schöne Räumlichkeiten gab, Kunstschätze im ersten Stock und stille Gebetsplätze unter dem Dach. Aber ich fühlte mich nicht wohl dort unter den Leuten, die alle so taten, als würden sie den Geruch nicht spüren, der aus dem Keller stieg. Vielleicht wußten viele gar nicht, wie der Keller aussah. Sie gingen nur durch einen der breiten Haupteingänge ins Haus, und es wurde dafür gesorgt, daß nur wenige den Keller fanden – dicker Nebel wurde ständig auf seine Schwelle geblasen. Zwar konnte der Nebel meist erschweren, daß einer die Kellertreppe fand; aber er konnte nicht verhindern, daß der schlimme Geruch aus der Tiefe stieg und die Menschen oben krank und schwach machte, auch wenn sie es nicht merkten. Ich konnte jedoch nicht umhin, immer wieder den Kellereingang zu benutzen und in den Schrecken dieser Räume zu geraten.

Aber paradoxerweise wurde mir diese Verzweiflung und diese Trauer über die Geschichte, an der ich teilhatte, zu einem Zugang zum Christentum. Das Entsetzen entstand aus inniger Identifikation. Es wuchs, je näher mir die abendländische Tradition kam. Aber es wandelte mich auch. Die Vorwürfe, der Abscheu und die Geringschätzung, die ich früher dem Christentum und besonders den Kirchen gegenüber empfunden hatte, waren längst nicht so kraftvoll wie das Entsetzen über meine Mitverantwortung. Die Vorwürfe blieben statisch, polarisierten feste und unfruchtbare Positionen – solche, wie sie auf der anderen Seite auch die meisten

Theologen einnehmen. Mitgefühl aber wandelt, und meine Scham und Auflehnung waren die Art Mitgefühl, die sich aus einer solchen Geschichte ergibt. Lange habe ich damit gerungen, diese Geschichte als meine Geschichte zu akzeptieren und auszuhalten. Denn wenn ich auch durch den Keller gehen mußte, so war es doch mein Haus.

Beim Lesen von Nouwens »Ich hörte auf die Stille« fand ich dazu einen ähnlich gearteten Vergleich, der mich ansprach: Wer von den Glasfenstern Chagalls begeistert ist, schreibt Nouwen, kann diese Begeisterung anderen nur mitteilen, indem er sie in die Synagoge führt und ihnen die Möglichkeit verschafft, das Licht durch diese wunderbaren Fenster fallen zu sehen. Für Nouwen paßt dieser Vergleich auf seine Erfahrung des Betens im Kloster, die nicht theoretisch vermittelbar ist. Mich erinnert der Vergleich an die Schwierigkeiten, die ich beim Schreiben über das Christentum habe: Indem ich »hineingehe«, verändert sich grundsätzlich meine Perspektive, und ich sehe vieles, was von »außen« oder im Keller beim besten Willen nicht zu erkennen ist. Ich kann zwar die Gründe schildern, die mich zu dem Wagnis bewogen haben, trotz der gräßlichen Fassade und des Kellers hineinzugehen. Aber diese Gründe führen nicht zwangsläufig zu der Begeisterung über das, was ich drinnen in den oberen Stockwerken gefunden habe. Diejenigen, die noch nie »draußen« gewesen sind und auch den eigenen Keller kaum kennen, werden hingegen nicht verstehen können, wie entsetzlich das Gebäude von außen und unten aussieht, und nicht verstehen, warum so viele sich davon abwenden. Da hilft auch der Hinweis auf die schönen Fenster nicht. Ich muß versuchen, beide Perspektiven zu ertragen und zu verbinden, da jede ihre eigene Berechtigung und Wahrheit hat. Und nur das Licht, das durch die schönen Fenster fällt, kann die Kraft geben, sich mit der erschreckenden Fassade und dem Keller auseinanderzusetzen.

Brief an Thomas, 21. 2. 1990.
Mir wurde nach unseren Gesprächen noch einmal bewußt, daß es sich nicht lohnt, überkommene Formen abzuschaffen oder ge-

gen sie zu kämpfen, solange nicht ein neuer Geist in uns weht, der nach Verkörperung drängt. Das gilt besonders auch mir selbst. Alle geistigen Auseinandersetzungen und alle Kritik besagen und vor allem bewirken doch nichts, solange ich nicht in mir den Geist und die Liebe gefunden habe, die das Zentrum von etwas Neuem sein können.

In diesem Sinne stimme ich Dir völlig zu darin, daß wir unsere Tradition nicht ablegen, ja nicht einmal ablehnen sollten. Wir müssen lernen, sie zu lieben, damit sie die Kraft zur Verwandlung bekommt. Wer nicht geliebt wird, muß seine Kraft für Abwehrmaßnahmen verbrauchen. Der Dolch, mit dem wir manchmal die Bonzen oder den Papst oder sonstwen beseitigen möchten, steckt schon längst in unserer eigenen Brust.

Deshalb ringe ich so mit Deiner, der katholischen Tradition, weil das ganze Abendland über tausend Jahre aus ihr gelebt und geatmet hat. Auch wenn ich ihr persönlich nicht angehöre, bin ich letztlich doch Teil ihres Lebens. Ich will sie lieben lernen und damit verstehen, so schwer es mir auch fällt. (Manchmal fühle ich mich dabei, als hätte ich vor, mit einem Drachen zu schmusen.)

Darum habe ich auch das Esoterikbuch geschrieben: Weil ich eine Phase meines Lebens nicht mit distanzierter Ablehnung beenden wollte, sondern indem ich sie in mir noch einmal lebendig werden lasse, mit ihr um das Gute darin ringe. Ich wollte den Engel der esoterischen Überlieferung nicht gehen lassen, bevor er mich gesegnet hat. (Es scheint wohl immer so zu sein, daß dieses Ringen um den Segen in der Nacht der Trauer und des Mitleidens stattfindet.)

Darin wird mir alles heilig: indem ich es liebevoll anschaue und daran glaube, daß es sich verwandeln kann in das, was es im Grunde ist. Wenn mir das gelingt, wenn ich meinen kleinen Geist in diesen Zustand bringen kann, dann blüht die Welt rings um mich auf. Und in dem Leuchten, das dann über die Welt kommt, glaube ich manchmal die Kraft dessen zu spüren, was über mein Verstehen hinausgeht, was ich »nur« erleben kann.

Das ist es auch, wenn ich das noch sagen darf, was mir die Evangelien jenseits aller theologischen Feinheiten vermitteln:

Sie erzählen die Geschichte von einem, der so radikal und abgrundtief lieben und hoffen konnte, daß alles verwandelt und geheilt, daß alles »heil« wurde, was in seine Nähe kam. Und wenn ich mir das vorstelle, diese alle Begriffe übersteigende Fähigkeit zu lieben und zu hoffen, dann erschüttert mich das so sehr, daß ich darin wohl das menschliche Angesicht der unergründlichen Gottheit entdecken kann.

– In diesem Sinne kann mir auch ein Text und eine Überlieferung »heilig« sein. Man darf halt nur nicht – wie es im Zen so schön heißt – den Finger für den Mond halten, der doch nur auf ihn zeigt.

Aber wenn dieser Finger der Überlieferung, der doch nur auf den Mond zeigen sollte, anfängt, Menschen zu durchbohren, dann ist das nicht mehr eine theologische Frage, sondern eine menschliche Tragödie, der wir uns stellen müssen. Nicht weil wir besser sind, sondern weil wir daran teilhaben (als Durchbohrende und Durchbohrte zugleich) – da stimme ich völlig mit Dir überein. So gesehen müßte die »negative«, mystische Theologie Innenseite einer Haltung sein, deren weltzugewandte Seite »positiv«, mitfühlend und kämpferisch ist. So lebten es die meisten Mystikerinnen und Mystiker der christlichen Tradition.

Ich glaube fest daran: Wer zuviel Macht hat (und braucht), dem fehlt es an lebendiger innerer Kraft. Man kann einem Lahmen nicht die Krücken wegreißen, damit er besser laufen lernt. Wenn die Kraft des Vertrauens und der Liebe wirklich erwacht, wenn sie unser Erleben erfüllt, dann werfen wir von allein alles Krückenhafte der Tradition fort und gehen frei. Dann drängt diese Kraft unaufhaltsam dazu, sich in der Gemeinschaft und in der Geschichte zu verwirklichen. Die »Gute Botschaft« braucht man niemandem einzureden. Sie verkündigt sich in der Kraft des Lebens selbst.

Lieber Thomas, auch wenn wir von ganz verschiedenen Seiten der abendländischen Tradition kommen, so weiß ich doch, daß wir um das gleiche ringen und für das gleiche streiten. Ich freue mich über alle und mit allen, die bei ihrer Kirche bleiben und dort vertreten, was einmal ihren lebendigen Kern ausgemacht hat (und vielleicht noch macht). Auch wenn ich nicht dazugehöre, letztlich sind wir alle, die katholischen, protestantischen, heidnischen, gnostischen, freigeistigen und sonstigen Christen Facetten einer großen Überlieferung.

Während ich dieses schreibe, ist direkt vor mir, über den Hügeln jenseits der Ruhr, vor dem trüb-grauen Himmel ein leuchtender Regenbogen entstanden. Zeichen des Bundes mit der Erde und der Hoffnung für uns Menschen. Doch wird es ein langer Weg werden, den Keller unseres abendländischen Hauses zu öffnen und die dort liegenden Leichen würdig zu bestatten. Unsere Kultur und Religion wird nur dann das in ihr liegende Versprechen einlösen können, wenn wir ihren schrecklichen Schatten als den unseren annehmen, wenn wir bereuen und trauern. Ich würde so weit gehen zu sagen: Trauern ist *die* geistige Aufgabe unserer Kultur, der einzige Weg zu ihrer Heilung. Denn Trauer und Hoffnung sind zwei Seiten der gleichen Medaille.

Angesichts der Verbrechen, die das Christentum beziehungsweise seine Vertreter und Kirchen im Laufe der letzten eineinhalb Jahrtausende an der Menschheit begangen haben, bin ich der Auffassung, daß die Kirchen und alle Menschen, die sich dem Christentum und dem Abendland verbunden fühlen, wenn auch sehr spät, so doch wenigstens heute beginnen sollten, ihre Opfer um Vergebung zu bitten. Es wäre angemessen, daß die Kirchen für lange Zeit auf jeden Triumphalismus verzichten und ihre Geschichte nicht weiter beschönigen, sondern statt dessen ihren Opfern Altäre und Gedenkstätten bauen. Wir Christen müssen lernen, diejenigen Heiligen und Märtyrer besonders zu achten und zu verehren, die von uns selbst umgebracht worden sind – die Juden und die Katharer, die Heiden und die Hexen, die Negersklaven und die Indianer. Welch ein Gewinn wäre es für die Versöhnung zwischen den Völkern und Religionen gewesen, wenn jene elende, millionenschwere Replik des Petersdomes in einem der ärmsten Länder Afrikas nicht aus dem Schweiße armer Afrikaner dem reichen Papst gestiftet worden wäre, sondern wenn die Kirche statt dessen eine Gedenkstätte für die Millionen durch Europäer verschleppten und ermordeten Sklaven gestiftet hätte. Gewiß waren das nur Zeichen, denen dringend Taten folgen müßten. Aber es wäre schon wichtig, überhaupt solche Zeichen zu setzen. Echte Reue könnte sich etwa dadurch ausdrücken, daß die Kirchen statt zu missionieren den von ihnen weitgehend zerstörten Kulturen ernsthaft dabei helfen würden, ihre kulturelle Identität und ihre politische Freiheit wiederherzustellen. Mit dem Bedauern ist es nicht getan. Die Verbrechen des christlichen Europa an anderen Völkern haben Folgen gehabt, die unsere Welt bis heute gestalten. Das kirchliche Christentum von heute wäre ein ganz anderes, wenn es sich nicht so lange mit militärischer Gewalt hätte durchsetzen und behaupten können. Ehrliche Reue würde auch bedeuten, auf die gewaltsam errungenen Privilegien wieder zu verzichten, etwa die privilegierenden Bindungen an Staaten und Wirtschaftsmächte zu lösen. Das würde anderen Religionen und Weltanschauungen etwas von dem Lebensraum wiedergeben, der ihnen seit Jahrhunderten eingeschränkt worden ist. Davon sind nicht nur fremde Kulturen betroffen, sondern auch »abweichende« religiöse und weltanschauliche Strömungen in Europa. Reue heißt, sich notwendigen Veränderungen zu überlassen und Erzwungenes loszulassen. So würden die Kirchen und das christliche Europa in den Augen vieler Menschen etwas von ihrer verlorenen Glaubwürdigkeit zurückgewinnen. Und welch einen Zuwachs an spiritueller Kraft und Gemeinschaft ergäbe sich aus solch einem konsequenten Handeln!

All das könnten die Früchte ehrlicher Trauer über das sein, was wir als unsere europäisch-christliche Geschichte anzusehen haben, über das von uns angerichtete Elend. Erst wenn die Erinnerung daran stets bewahrt bleibt und uns die Trauer stets gegenwärtig ist, werden wir uns an den leuchtenden und großartigen Seiten unserer Kultur freuen können, ohne daran krank und hohl zu werden.

Oft habe ich mich gefragt: Warum hat gerade diese Religion, die wie keine andere die Liebe Gottes predigen wollte, in ihrer konkreten Wirklichkeit größeres Elend gebracht als alle anderen? Natürlich gibt es zu dieser Frage eine Menge historischer und soziologischer Analysen. Mich interessiert aber der theologisch-symbolische Aspekt. Und manchmal scheint mir, als sei es stimmig, daß das Kreuz einen solchen Schatten wirft. Zu leicht haben christliche Gläubige sich nur mit dem Gekreuzigten identifiziert, ohne dafür reif zu sein. Die dunkle Seite der Geschichte wurde auf »die Juden« projiziert oder ganz verdrängt. So mußten wir alle noch zu Kreuzigern werden, so mußte Gott im Menschen noch Millionen Male gekreuzigt werden. So ist vielleicht das Kruzifix Symbol für die christliche Geschichte selbst, in der das Bild des Menschen nicht nur so erhöht, sondern auch so erniedrigt worden ist wie nie zuvor. *So* kann mir der Gekreuzigte Symbol und Inbegriff der göttlichen Kraft im Menschen sein, die auch den Tod noch übersteigt. Aber der Gefolterte am Stabe der päpstlichen Macht ist nicht mehr als ein zynisches Symbol der Gewalt von Menschen über Menschen. – Ich glaube, daß die Bilder und Symbole, mit denen wir uns täglich umgeben, unser Leben und unsere Geschichte prägen, daß sie uns tief unbewußt beeinflussen – und das nicht nur in dem Sinn, den wir uns wünschen oder von dem wir wissen. Vielleicht wäre es an der Zeit, den Auferstandenen zu verehren und den Menschensohn vom Kreuze zu befreien, an dem wir ihn immer wieder sehen und an das wir ihn immer wieder schlagen.

Vermutlich ist diese Sicht der Geschichte Christi ohnehin eine typisch männliche, die sich grundlegend verändern wird, sobald Frauen die christliche Religion grundlegend prägen. Und das wird hoffentlich sehr bald der Fall sein. Zweitausend Jahre lang haben Männer ihre Rollen wie in der Passionsgeschichte weitergespielt: Sie haben Gott und Mensch gekreuzigt, verleugnet und verraten. Vielleicht erleben wir noch, daß – wie im Evangelium – die Frauen Zeuginnen der Auferstehung werden.

Ikonen nur für Männer

Während ich um Verständnis für christliche Glaubensinhalte und unsere abendländische Geschichte rang, versuchte ich auch Zugänge zu den Gottesdienst- und Lebensformen der christlichen Kultur zu finden. Als charakteristische Formen des europäischen Protestantismus und Katholizismus kannte ich nur die steifen, wortreichen Gottesdienste und die verbalen Gebete. Soweit ich es erlebt hatte, hielten mich diese Formen des Gottesdienstes eher von einer wirklichen Versenkung, von einem geistigen Angesprochensein ab, als daß sie mir dazu verhalfen. Natürlich gibt es auch hier unterschiedliche Ansätze, doch scheinen mir die kreativen, lebendigen eher selten zu sein. Der gewöhnliche Gemeindegottesdienst entspricht fast stets meinen skeptischen Erwartungen. Und lange Zeit hatte ich Skrupel, an einer normalen Gemeindemesse teilzunehmen, weil ich wußte, daß die meisten Gemeinden und Priester mich als Nichtkatholiken zur Messe, das heißt zur Eucharistie, nicht zulassen würden. Ich könnte also nur die heute herrschende Anonymität ausnützen und mich »einschleichen«, was ich so nicht wollte. Und vorher um Erlaubnis zu bitten war mir zu dumm. So nahm ich oft in »meinem« Benediktinerkloster teil, wo man mich kannte und niemand meine Teilnahme monierte. Dort schätzte ich auch die Kürze der Predigten und die gregorianischen Gesänge, denn ich mag keine Kirchenlieder. Und in einer reinen Männergemeinschaft wirkt auch das männliche Monopol im Ritual nicht diskriminierend. Wenn ich mich intensiv darum bemühte, meine kritischen Gedanken für eine halbe Stunde ruhen zu lassen und am Ritual Anteil zu nehmen (mitmachen darf ich als »Laie« ja nicht), gelang es mir allmählich, diese fremdartige Zeremonie für mich lebendig werden zu lassen. Nachdem es mir gelungen war, einige wichtige christliche Begriffe mit eigenen Vorstellungen und Erfahrungen zu füllen, verstand und empfand ich auch die Messe besser.

Das katholische Sakramentenverständnis kommt meinem eigenen Ritualverständnis insofern sehr nahe, als ich der Überzeugung bin und es so erlebe, daß in einer richtig durchgeführten Zeremonie Verbindung mit einer geistigen Wirklichkeit aufgenommen wird. Die Wandlung von Brot und Wein in göttliches Fleisch und Blut ist, auch außerhalb des katholischen Rahmens, ein wirkliches Ereignis, nicht nur eine Metapher oder eine Erinnerung an ein historisches Abendessen. Die rituelle beziehungsweise sakramentale Handlung wird erst dadurch sinnvoll, daß sich Göttliches in der Zeremonie manifestiert und sich so den Teilnehmenden mitteilt.

Die Erfahrung des Göttlichen ist dabei natürlich einseitig, wie ich schon mehrfach feststellte. Aber sie kann auch auf diese einseitige Weise sehr tief gehen. Und wenigstens konnte ich so an einem der wenigen Rituale teilhaben, in denen in unserer Kultur Göttliches noch in größerer Gemeinschaft erfahrbar ist. Das Bewußtsein darum, eine solche Erfahrung mit vielen Millionen Menschen zu teilen, ergreift mich zeitweilig ebenso wie ganzheitliche Zeremonien, die ich allein oder in kleinen Gruppen erlebte. Menschliche Gemeinschaft ist ein wesentlicher Aspekt eines Kultes. Und ich halte es für sehr wichtig, daß ein Kult den Zusammenhang mit der Kultur als ganzer wahrt, um nicht ins Private abzusinken – denn auch die Privatisierung eines Kultes ist ein Verlust an Ganzheit. In unserer vertrackten Epoche läßt sich Ganzheit offenbar kaum mehr herstellen. Entweder wir verzichten auf den größeren spirituellen Zusammenhang, wie es in den christlichen Kirchen der Fall ist, oder wir verzichten auf den menschlichen und kulturellen Zusammenhang, wie es in kultischen Randgruppen der Fall ist.

Leider kannte ich nur wenige christliche Formen und wartete immer noch darauf, im Christentum eine spirituelle Praxis zu entdecken, mit der ich leben könnte. Bei Freunden hörte ich dann die Aufnahme der Chrysostomus-Liturgie nach Rachmaninoff und lernte so zum ersten Mal Gesänge der orthodoxen Kirche kennen. Es erstaunt mich immer wieder, wie wenig wir im allgemeinen über die Welt kulturell und räumlich eng benachbarter Konfessionen und Religionen wissen, wie beispielsweise des Judentums und der Orthodoxie. Aus diesen Gesängen sprach mich eine ganz andere Atmosphäre an. Sie hatten zugleich etwas Archaisches und auch eine meditative Stille. Die westliche Gregorianik, die gewisse stilistische Ähnlichkeiten hat, wirkt dagegen ein wenig steif und strahlt auf mich auch nicht solche Ruhe aus wie die tiefen, vollen Stimmen der östlichen Mönche, deren Gesänge etwas an denjenigen der tibetischen Mönche erinnern. Könnte es in der Ostkirche eine offenere und umfassendere Spiritualität geben als in der westlichen? Schließlich ist die Ostkirche die älteste christliche Überlieferung und den Formen des frühen Christentums in vieler Hinsicht näher als die römische, die bis tief in die geistlichen Formen hinein durch ihre dauernde Allianz mit der Macht geprägt ist. Flüchtig kannte ich auch die orthodoxe Überlieferung des stillen Herzensgebets, die auf einen bewußteren und tiefergehenden Umgang mit meditativen Formen und auf die Existenz eines geistigen Weges innerhalb des Christentums schließen ließ. Jedenfalls lesen sich die praktischen Hinweise der Mönchsväter, etwa in der »Philokalie« so, als wären sie mit den inneren Wegen der Seele, also mit methodischer Arbeit am Bewußtsein und ihren Problemen, gut vertraut.

So freute ich mich über den Vorschlag meines Freundes Thomas, bevor er offiziell ins Kloster eintreten würde, noch eine gemeinsame Reise zum Athos zu machen, zum heiligen Berg der Orthodoxie in Nordostgriechenland. Zwar ist der Besuch der Halbinsel streng reglementiert, und wir durften nur vier Tage dort bleiben, aber ich hoffte doch, wenigstens einen eigenen Einblick in die Atmosphäre streng orthodoxer Geistigkeit gewinnen zu können.

Athos, 12. 4. 1989.

Der erste Eindruck von der Halbinsel der Mönche sind riesige Schilder »Kein Durchgang« – »No entrance«. Auf dem Lande abgeriegelt wie ein Gefängnis. Kein Durchgang für Frauen. Zugang für Männer nur über die Fähre. Die Landgrenze ist ein ruhiger Ort: Olivenbäume und viele Blumen, Insektengesumme; aber die Mauer stört. Verbotsschilder am heiligen Ort. Eine Hei-

ligkeit, die sich selbst nicht mehr Schutz genug ist wie ehedem. Ikonen hinter Stacheldraht. Christentum in der Ära des aggressiven Tourismus.

Die Schilder sind charakteristisch für meine Erfahrungen mit dem Christentum überhaupt. Das Losungswort hieß »Glaube«, und ich konnte es nie richtig aussprechen. Auch heute fehlt mir das richtige Losungswort noch, aber ich habe mir Hintereingänge gesucht, die passierbar sind.

Der Berg Athos ist die nördlichste Halbinsel von Chalkidike und theoretisch eine selbständige Mönchsrepublik, praktisch natürlich ganz von Griechenland abhängig. Aber man(n) (Frauen dürfen grundsätzlich nie die Insel betreten, nicht einmal größere weibliche Tiere!) braucht einen Passierschein, um über die Fährverbindung auf die Halbinsel gelassen zu werden. Die Landverbindung ist durch eine Mauer und viele Kilometer undurchdringlichen Gestrüpps nicht zugänglich und wird auch von den Mönchen nie benutzt. Bewegen kann man(n) sich auf der Insel nur zu Fuß. Die holperige Straße wird von wenigen Lastwagen zu Transportzwekken benutzt, aber manche Klöster sind immer noch ausschließlich über kleine Trampelpfade zugänglich – ideale Einsiedeleien.

Kloster Iviron, 13. 4. 1989.
Jetzt sind wir also da, Wartehalle des »Hotels« von Kloster Iviron. Der Weg hierher war herrlich, trotz schlechten Wetters. Wenigstens hat es nicht geregnet. Vor allem hat mich die Fahrt mit der Fähre begeistert. Lange stand ich ganz vorn im Boot, wo mir der Wind voll ins Gesicht blies.

Vieles an den Klöstern erinnert mich an diejenigen in Tibet. Die steil aufragenden Mauern mit den Reihen kleiner Fenster oben am Rand, die festungsartige Bauweise mit dem Hof in der Mitte, der Anstrich in matten, aber kräftigen Farben. Die Menschen hier sind aber anders, finsterer und verschlossener. Ich komme mir wie ein Eindringling vor – und bin es wohl auch.

Die Abwicklung in der Hauptstadt der Mönchsrepublik war

formal wie in allen Staaten. Der »Willkommensgruß« hier im Kloster – eine Süßigkeit – wird routinemäßig verteilt, ohne Stil, ohne Herzlichkeit. Aber wo der Tourismus so verbreitet ist, ist man natürlich nicht mehr als ein Störenfried. Selbst wenn sie nur zehn Männer am Tag auf die Halbinsel lassen und diese nur je vier Tage, sind es doch dreieinhalbtausend Besucher jedes Jahr, die auch alle in jedem der wichtigsten Klöster auftauchen. Bald werden sie Geld nehmen müssen.

Kloster Philotheou, 14. 4. 1989.
Der Tag ist naß; wir nach zwei Wegstunden ebenfalls. Im nächsten Kloster müssen wir unsere Sachen trocknen. Es ist wohl typisch für meine Suche nach dem Christentum, daß ich erst mal im Regen herumlaufe.

Welcher Gott auch immer in diesen finsteren, höhlenartigen Kirchen voll goldenem Prunk verehrt werden mag – meiner ist es nicht. Ich empfinde Andacht, wenn ich im frischen Wind stehe, vor Sonne und Mond.

Neu war mir – ein Mönch erklärte es uns vorhin –, daß nur Orthodoxe an einem orthodoxen Gottesdienst teilnehmen dürfen. Nicht einmal orthodoxe Katechumenen oder Katholiken sind zugelassen. So esoterisch muß der Kult wohl auch im frühen Christentum verstanden worden sein. Ein Mysterium für Eingeweihte (Getaufte), nicht Opium für die Massen. Trotzdem konnten wir gestern in Iviron an einem Gottesdienst teilnehmen: dort nehmen sie es wohl nicht so genau.

Das Klosterleben hier ist mit großer Strenge geregelt. Dieses Kloster, Philotheou, ist ein kinovitisches, wo die Mönche in Gemeinschaft leben und wirtschaften. Im vorigen Kloster, Iviron, leben sie in der älteren Form, ideosynkratisch, das heißt, jeder Mönch wirtschaftet für sich, und jeder macht, was er will. Das sorgt dort für eine sehr unsympathische, verkommene, hier für eine nette und betriebsame Atmosphäre. Hier ist es, soweit man das von einem Kloster sagen kann, richtig gemütlich.

Interessanterweise verstehen sich die Mönche hier als Diener der Gottesmutter. Der Legende nach hat sie die ersten Mönche zum Athos gebracht, der auch ihr geweiht ist. Eine reine Männergesellschaft zu Ehren der Göttin – eine fast groteske Vorstellung: zur Ehre Marias alle weiblichen Wesen verbannen. Hat hier die männliche Phantasie gesiegt, die Mutter ganz für sich haben zu wollen – ewig und unbefleckt?

Bis jetzt ist mir die Orthodoxie noch fremder als das westeuropäische Christentum. Vieles, was mich dort stört, ist hier noch stärker ausgeprägt. Bei allem Positiven im Christentum kommt doch die Kirche immer schlecht weg. Daran sehe ich einfach nichts Gutes. Einzelne gute, achtbare Menschen gewiß, aber das System als solches ist doch von Grund auf menschenverachtend, frauenfeindlich und totalitär. Ich verstehe nicht, wie eine Frau mit Stolz widerspruchslos orthodox oder katholisch sein kann, wo sich die Männer allein das Priesteramt anmaßen. Aber was sage ich über Frauen, auch mich betrifft das mit. Man kann nämlich gar nicht nur frauenfeindlich sein. Man ist menschenfeindlich. Wenn ich »Frau« denke, denke ich »Mann« immer mit. Von einer Polarität kann ich nicht nur einen Pol für minderwertig erklären, ohne mich gegen die Würde beider zu wenden. Ich fühle mich als Mensch und als Mann mit diskriminiert, wo Menschen als Frauen diskriminiert werden. Da gibt es keinen Unterschied. Wo die Würde des Menschen, eines Menschen oder jedes Menschen, angetastet wird, ist meine Toleranzschwelle überschritten. Da diskutiere ich auch nicht mehr über Tradition und kulturelle Unterschiede.

Im krassen Gegensatz dazu steht die Natur draußen, die so saftig grünt und blüht, wie ich es selten gesehen habe. Gestern abend habe ich eine Nachtigall hören dürfen. Einsam sang sie keinen Liebenden. – Ich verstehe es einfach nicht, wie man sich von allem abwenden kann, was Gott geschaffen hat, um »Ihm« zu dienen, in schwarzem Tuch verhüllt.

Der Himmel ist jetzt blau und hell geworden, wenn auch der Wind noch kühl ist. Ich hoffe, wir können bald weitergehen.

Kloster Gregoriou, am Abend.
Der Tag war sehr schön. Wir sind einen sonnigen Nachmittag

lang gewandert und sehr erschöpft. Die Klöster werden tatsächlich immer besser und gastlicher. Jetzt sitze ich in einem angenehmen Leseraum hoch über dem Meer und höre unter mir die Brandung tosen. Wir haben ein Doppelzimmer mit bezogenen Betten. Kein Vergleich mit der Rattenhöhle gestern. Das Essen ist gut.

Bei allem Respekt für ihren mystischen Weg: Ich verstehe einfach nicht, wie man so Gott näherkommen soll. Jesus hat draußen gelebt und seine Beispiele dem Leben der Natur und der einfachen Menschen entnommen. Von steinernen Grüften und nächtelangen Zeremonien habe ich da nichts gelesen. Wollte er nicht eine Botschaft der Freude bringen? Was ist daraus geworden: Blasse, finster blickende Mönche, die selten lachen, schleichen durch die Gänge eines festungsartigen Gebäudes. Alles, was Spaß macht, ist nicht erlaubt. Gut, wenn es denn zu einer höheren Freude führt. Von der aber merke ich nichts. Alle verhalten sich »korrekt«, wie ein Mönch in Philotheou ganz treffend sagte. Er meinte es positiv! Von Herzlichkeit oder Anteilnahme ist aber nichts zu merken. Sicher, wir sind nur Gäste. Aber es gäbe doch sicher Möglichkeiten, uns etwas am Leben zu beteiligen. Dann müßten wir eben mal eine Woche an einem Ort bleiben. Aber die Landschaft ist auch schön genug. Nur das christliche Leben der Menschen kommt mir nicht näher.

15. 4. 1989.
In einer Kirche auf unserem Weg ist mir aufgegangen, was ich in den vorigen Klöstern auf dem Athos nicht begriffen habe: Diese Kirchen kann ich nicht sinnvoll als Ausdruck des äußeren Gotteserlebens ansehen. Kirchenräume sind symbolische Innenräume. Im Bilde der Kirche trete ich in mein eigenes Gotteshaus im Herzen ein. Daher das Gold, die Dunkelheit, die Kerzen und leuchtenden Bilder. Der Innenraum liegt im Dämmerlicht, und das Allerheiligste bleibt unsichtbar.

Doch scheint es sich dabei nicht um einen persönlichen, sondern einen kollektiven Innenraum zu handeln. Gottesdienst wird hier in einem ganz anderen Maße kollektiv verstanden als bei uns.

Wichtig scheint hier zu sein, daß jemand die Anbetung fortführt, nicht aber, ob der einzelne auch dabei ist und sich mit der richtigen psychischen Verfassung daran beteiligt. Mitten in den Gottesdiensten gehen einige Mönche aus der Kirche hinaus, unterhalten sich etwas, erholen sich eine Weile und gehen dann wieder hinein, um weiterzumachen – bei uns ein undenkbares Verhalten. Wir verstehen Gottesdienst eben eher psychologisch; hier wird er noch im ganz alten Sinne kosmologisch oder magisch verstanden: Auf den Vollzug kommt es an, und dieser ist durchaus auch stellvertretend für die Gemeinschaft von einigen zu leisten. Ich kenne einen letzten Rest dieser Haltung noch aus dem Dorf, in dem ich aufgewachsen bin, wo manche Familien Wert darauf legten, daß sonntags ein *Familienmitglied in die Kirche ging. Für das persönlich-psychologische Religionsverständnis der Aufklärung ein absurdes Vorgehen.*

Später besuchte ich auch in Deutschland, in der Abtei Niederalteich, einige Gottesdienste nach dem orthodoxen Ritus. Von vielem darin war ich angezogen, von anderem ebenso stark abgestoßen. Die Länge der Liturgie, der meditative Gleichklang der Gesänge, der massive Gebrauch von Weihrauch und Bildern, die bergende Dunkelheit der Kirchen rufen eine Stimmung hervor, die einer Erfahrung der angerufenen Wirklichkeit förderlich ist. Die Eucharistie wird dort noch von der ganzen Gemeinde in der vollständigen Form gefeiert, im Teilen von Brot *und* Wein. Andererseits ist die Orthodoxie noch deutlicher eine Priesterreligion als der Katholizismus. Das Allerheiligste ist nach antikem Vorbild verborgen und nur den Priestern zugänglich. Diese dürfen zwar heiraten, aber ansonsten ist die Religion so patriarchal, wie man es sich nur vorstellen kann. Eine Spiritualität, in der nur Männer eine Rolle spielen, erscheint mir verstümmelt und krank, ganz gleich, welche Tiefe und Kraft sie sonst haben mag.

Allerdings war es beeindruckend, eine ganz andere Auswirkung der orthodoxen Spiritualität zu sehen: Viele tausend Mönche haben jahrhundertelang auf einer überschaubaren Halbinsel gelebt, ohne diese zu zerstören. Die Natur ist dort, auf dem Athos, von einer Schönheit und Unberührtheit, wie ich es selten in Griechenland gesehen habe. Der häufig gemachte Vorwurf, das Christentum sei im Prinzip naturfeindlich und zerstörerisch, trifft offenbar nicht zu. Auf bestimmte westliche Formen, die wir am besten kennen, vielleicht; aber nicht auf das Christentum insgesamt. Das stelle ich hier fest, und das ergibt sich auch aus dem wenigen, was ich vom frühen keltischen oder vom indischen Christentum weiß. Bei aller Weltabgewandtheit, die sich in frommen und mystischen Texten zeigt, gibt es doch auch keinerlei Interesse daran, die Natur zu unterwerfen. Der Weg der älteren Christenheit, auch der des abendländischen Mittelalters, führte zwar aus der Welt heraus, aber er wollte die Welt nicht zerstören oder sich gefügig machen. Das bekannte »Machet euch die Erde untertan« ist bis ins siebzehnte Jahrhundert hinein nie technisch verstanden worden. Es muß also zu jener Zeit noch ein weiterer, gänzlich anders gearteter Kulturimpuls zu dem schon vorhandenen getreten sein. Erst damit wendete sich der aggressive Herrschaftsanspruch der westlichen Christenheit auch gegen die Natur.

Das Christentum hat sogar deutliche Züge, die dieser Tendenz entgegengerichtet sind und die in der Ostkirche eine deutlichere Ausprägung gefunden haben. Wie in anderen Erlösungsreligionen ist auch für das Christentum eine gewisse weltabgewandte Tendenz typisch, die besonders in den gnostischen und neuplatonischen Strömungen der frühen Zeit vertreten war. Da es aber aus dem Judentum stammt, ist dem christlichen Grundimpuls die Suche nach einem privaten Heil außerhalb der Welt fremd. Der Heiland kommt für das »Heil der Welt«, das heißt für die menschliche Gemeinschaft und die ganze Schöpfung, nicht nur für die seelische Erbauung einzelner Mystiker. Die Analyse der Welt als eines Jammertales hat das frühe Christentum mit anderen Erlösungsreligionen gemeinsam. Im Gegensatz zu vielen anderen aber hält es die Welt für *heilbar.*

Darin liegt aus meiner Sicht eine der großen Chancen der christlichen Religion: Zwar wird die Gebrochenheit unseres Daseins erkannt (traditionell als Erbsünde bezeichnet), aber grundsätzlich wird an der Möglichkeit festgehalten, die ganze Welt wieder in einen heiligen Zustand zu führen – zum »Reich Gottes«

werden zu lassen. Dieses Gottesreich in die Welt zu bringen war der Auftrag Christi. Wie Paulus sagt: »Auch die Schöpfung soll von der Sklaverei und Verlorenheit befreit werden zur Freiheit und Herrlichkeit der Kinder Gottes. Denn wir wissen, daß die gesamte Schöpfung bis zum heutigen Tage seufzt und in Geburtswehen liegt« (Römer 8). Diese Idee der Befreiung der ganzen Welt findet sich in der Ostkirche unter dem Begriff der »THEOSIS«, der Vergöttlichung des Kosmos und der Menschheit. Die Vorstellung der Heiligung einer als leidend erlebten Welt ist mir viel näher als die westliche, auf Augustinus zurückgehende Idee der Erlösung durch die Vergebung von Sünden (die plötzlich als individuelle Missetaten verstanden werden, statt im ursprünglichen Sinne der Erbsünde als eine entfremdete Grundbefindlichkeit unseres Daseins). Diese Einstellung legt den Menschen nicht den Druck einer persönlichen Rechtfertigung und Vollkommenheit auf, sondern sieht das Bemühen um Heil, um Heiligkeit und Erlösung in dem gemeinschaftlichen und kosmischen Rahmen, in dem das Christentum entstanden ist. Auf solch einem von Lohn und Strafandrohung freien Boden kann eine Ethik der Verantwortung wachsen, die auch das Wohl der Mitwelt in Betracht zieht und achtet.

In dem Gedanken der Theosis zeigt sich eine tiefe Verbundenheit mit der Welt, der Schöpfung, die wir heute nur noch als *Um*welt sehen können, und mit allen Menschen. Aufgabe der Christen wäre es im Sinne der Theosis, in der leidenden, der »sündigen« Welt Ausgangspunkte zu bilden, von denen her sich alles zum Göttlichen wandelt. Jesus benutzt das Bild vom Sauerteig, der auch nicht beherrscht oder überredet, sondern durch sein Vorhandensein verwandelt. Oder wie er am Schluß des Markusevangeliums als Kennzeichen der Christen angibt: Sie heilen, was sie berühren.

Vielleicht liegt darin auch eine Wurzel des verheerenden Schattens des Christentums: Seine Vertreter wollten sich nicht mit der unendlich scheinenden Wartezeit abfinden, bis die Welt sich durch Liebe wandelt. Sie wollten das ersehnte Gottesreich nach ihren eigenen Vorstellungen erzwingen. Aber trotzdem muß der alten christlichen Kultur zugute gehalten werden, daß sie lange in Frieden mit der Natur lebte, wie ich es noch auf dem Athos sehen konnte. Der technische Übergriff geschieht erst seit der Aufklärung, seit das christliche Fundament des Abendlandes erschüttert ist und zerfällt. Zwar ist auch die Aufklärung ein Kind der christlichen Kultur, aber das Christentum kennt eben auch ganz andere Ausdrucksformen. Andererseits hat die christliche Kultur erst seit der Aufklärung die Kraft entwickelt, gegen menschliches Elend und gegen Ungerechtigkeit aufzustehen. Die Befreiung von Sklaven, die Gleichstellung von Frau und Mann, gleiche Würde und gleiches Recht für Arme und Reiche sind zwar Ideen, die schon in den biblischen Texten angelegt sind, die aber erst nach der Aufklärung zum Zuge kamen. Seltsamerweise gleichzeitig mit dem Beginn der Naturzerstörung. Es sieht fast so aus, als hätte das westliche Christentum damit seinen Schatten in einen anderen Bereich verdrängt, ohne ihn jedoch bewußt werden zu lassen.

Kloster Pantaleoumenos, 16. 4. 1989.
Ein russisches Kloster. In der Tat wird es mit jedem Tag besser. Hier ist man auch nicht so streng und läßt uns in die Kirchen. Das russische Kloster ist märchenhaft schön und von gewaltigen Ausmaßen. Allerdings ist ein Teil der Gebäude vor längerer Zeit ausgebrannt, und die Ruinen werden langsam von bunten Pflanzen überwuchert. Von den übrigen Gebäuden mit ihren langen Gängen ist ein Teil unbegehbar geworden. Früher, in der großen Zeit der Orthodoxie im 19. Jahrhundert, haben hier einmal zweitausend Mönche gelebt. Heute sind es 22, die etwas verloren im riesigen Refektorium sitzen und essen. Es gab eine gute Kohlsuppe, die mich an zu Hause erinnerte. Ich saß auf meiner Bank, löffelte und schaute mich in dem Raum um: hellblaue Wände, die über und über mit Motiven aus der Bibel und den Heiligengeschichten bemalt sind. Überall blättert die Farbe ab, so daß sich die einstige Pracht stellenweise nur noch ahnen läßt. Die Bänke stehen so, als könnten die zweitausend weiteren Mönche jeden Augenblick eintreten und sich setzen – eine Betonung der Leere.

Hier ist mir richtig klargeworden, was in den vorigen Klöstern nur anklang. Der Athos mit seinen Mönchen ist ein Relikt aus einer lange vergangenen Zeit. Das war er auch im vorigen Jahrhundert wohl schon, als die Religion sich zu einem leuchtenden Abendrot erhob. Das Mittelalter ist ihre wahre Heimat, the Dark Ages. Insofern zeigt sich hier im russischen Kloster das ehrlichste Gesicht der Orthodoxie des Athos: im Verfall. Das Kloster läßt sich gar nicht mehr gegen die Außenwelt abriegeln. Alles steht offen. Die Mönche sind zu wenige, um noch etwas zu kontrollieren. Und ob wegen ihrer anderen Nationalität oder weil sie hier selbst in der Fremde leben oder eben wegen der seltsamen Situation, in einer Ruine weiterleben zu müssen, sind die russischen Mönche hier uns gegenüber viel aufgeschlossener und gesprächiger, als es die griechischen und westeuropäischen in den übrigen Klöstern waren. Ungewollt entsteht im Verfall die Offenheit, die unserer Zeit angemessen ist. Doch glaube ich kaum, daß sich daraus ein neuer Stil entwickeln könnte. Zu lange hat man(n) hier versucht, die Zeit einzufrieren.

Hier sitze ich nun ein paar Meter von der Brandung entfernt vor dem riesigen, zum Teil ausgebrannten Kloster. Die Sonne geht unter, der letzte Abend auf dem Athos. Der Berg selbst ist von hier aus schon nicht mehr zu sehen. Drei lange Tage voll Staunen, voll Befremden und voll Schönheit.

Es war sehr bereichernd, dem östlichen Christentum zu begegnen. Vieles davon, besonders aus den rituellen Formen, würde ich mir hier auch wünschen. Über vieles kann ich mir aufgrund der Kürze des Einblicks kein Urteil erlauben. Aber einige Aspekte haben mir sofort deutlich gemacht, daß solche Formen nicht zu meinen werden könnten. Insofern war die Reise zum Athos zwar ein interessantes Erlebnis, führte aber auf meiner Suche nach einer für mich lebbaren Form der Spiritualität nicht weiter. Die Gedanken, die ich mir dort über die Traditionen machte, und unsere Gespräche drehten sich hauptsächlich um die Probleme mit der westlichen Überlieferung.

Ich frage Thomas immer wieder, wie es ihm denn möglich sei, sich in den katholischen Formen zurechtzufinden, sich darin sogar ausdrücken zu können. Er bringt dafür oft das Beispiel der Sprache: Wir können unsere Muttersprache immer am besten sprechen, ganz gleich, welche theoretischen Erkenntnisse wir über andere Sprachen gewinnen und wieviel wir praktisch von ihnen lernen. So sei auch die religiöse Tradition, mit der wir groß werden, eine Art Sprache zum Ausdruck spiritueller Inhalte. Manches könne er vielleicht in anderen Sprachen besser sagen, aber zu Hause fühle er sich eben in seiner Muttersprache, dem Katholizismus. – Diese Sichtweise hat zwar vieles für sich. Vor allem ermöglicht sie eine große Toleranz. Aber befriedigend finde ich sie nicht. Denn damit entziehe ich religiöse Bilder und Dogmen jeder Kritik und leugne auch die oft sehr religionsfernen Motivationen, aus denen sie geprägt worden sind.

Vor allem zeichnet sich doch gerade das Christentum dadurch aus, daß es aus der freien Entscheidung von Menschen entstanden ist, die einem Ruf folgten, der sie ihre bisherigen Traditionen umgestalten und etwas Neues daraus aufbauen ließ. Hätten in der Antike alle Menschen auf die Weise gedacht und geglaubt, die Thomas und andere moderne Christen zur Begründung ihrer Traditionszugehörigkeit anführen, so gäbe es heute kein Christentum. Die ersten Christinnen und Christen waren Menschen, die bereit waren, aus ihrem geistigen Erleben heraus ihre Überlieferungen weiterzuentwickeln und zu gestalten, neue Bilder und Geschichten zu gebären, Menschen, die sich nicht nur vom Anerzogenen und Gewohnten bestimmen ließen. Auch Jesus bezog sich auf die jüdische Überlieferung, der er angehörte, und legte Wert darauf, sie nicht zu durchbrechen. Er war und blieb Jude, aber er bewegte sich in seiner Überlieferung frei und schöpferisch, er deutete sie so, daß seine Mitmenschen sie wieder neu und ungewohnt hören konnten. Jüdische Lehrer dieser Art begegneten mir auch in den Schriften der Chassidim, die sehr fromm in ihrer Überlieferung standen, sie aber immer wieder frisch und vom Geist getragen lasen und deuteten. In den »Pharisäern« und »Schriftgelehrten« karikiert das Neue Testament den Typus derer, die in der Gewohnheit der Tradition steckenbleiben, die vom Geist nicht mehr ansprechbar sind. Immer wieder wundert es mich, daß es den heutigen Theologen und Milieuchristen nicht bewußt wird, wie genau sie dem Typus der dort dargestellten »Pharisäer und Schriftgelehrten« entsprechen. Das ganze Neue Testament wie auch die Prophetenschriften des Alten sind voll von Angriffen gegen eine erstarrte Gewohnheitsreligion, und doch ist sie typisch für diejenigen geworden, die sich für Nachfolger Jesu halten.

Aber was folgt daraus für mich? Wie läßt sich heute eine christliche Spiritualität leben, die in Gemeinschaft mit der gesamten christlichen Kultur bleibt, sich aber nicht von ihren starren Formen und Denkgewohnheiten ersticken läßt?

Ein neuer Heidenchrist?

Paulus argumentiert, daß man nicht erst Jude sein muß, bevor man Christ wird, sondern daß es einen geraden, direkten Weg zu Christus für die Heiden gibt, unabhängig vom Gesetz . . . Wir meinen [irrtümlich], daß jeder Christ, um Christ zu werden, durch das Gesetz erzogen werden muß, um sein Versagen zu erkennen, seine Schuld, so daß er dann wirklich einsieht, daß er einen Christus, einen Heiland, einen Messias braucht. Doch dies bedeutet, daß wir das Ganze auf den Kopf gestellt haben. Wenn Paulus sagt, daß das Gesetz zu einem Abschluß gekommen ist, dann plädiert er für die Möglichkeit, direkt zu Christus zu kommen, nicht erst durch den Trichter des Gesetzes« (KRISTER STENDAHL[2]).

Angesichts der frustrierenden Begegnungen mit der heutigen christlichen Tradition mußte ich mich immer wieder fragen: Was will ich da eigentlich? Was reizt mich an dieser seltsamen Religion, daß ich mich so sehr darum bemühe, einen Zugang zu finden? Kann ich darin überhaupt einen Platz finden, an dem ich nicht meine persönlichen Eigenarten und Einsichten verleugnen muß? Will ich das überhaupt?

Maßgeblich bleibt dafür, daß mir Religion mehr ist als eine private Haltung, daß ich mein geistiges Leben in den Rahmen der Kultur stellen möchte, in der ich lebe. Subkulturelle Versuche halte ich zwar für sehr wichtig und notwendig, aber auf die Dauer nur dann für befriedigend, wenn sie ihre Erfahrungen wieder auf die gesamte Gemeinschaft rückbeziehen. Neben dieser grundsätzlichen Bemühung fand ich aber auch inhaltliche Gründe. Während ich bisher im religiösen Bereich den Kontakt mit der Transzendenz und der Natur, dem Kosmos gesucht hatte, begegnete mir im Christentum die transzendente Gestalt des Menschen. Nicht nur als die Vorstellung eines göttlichen Funkens im Menschen, der letztlich den konkret begegnenden Menschen mehr ab- als aufwertet. Sondern das göttliche Bild des ganzen Menschen, ohne Abstraktionen, dargestellt sogar in einer gänzlich schmachvollen, ohnmächtigen, verwundeten Gestalt.

Und es scheint mir auch als sehr weise, daß die christliche Tradition die Welt nicht naiv als einen Ort ansieht, an dem alles in Ordnung ist, sondern die grundsätzliche Gebrochenheit und den Zwiespalt zumindest unseres menschlichen Daseins erkennt. Gleichzeitig zieht sich der Mensch aber nicht aus der Welt heraus, um erlöst zu werden, sondern bleibt in seinem Bemühen um Heil tief mit der Welt verbunden, die mit ihm zusammen zu erlösen ist. Wir sind keine reinen Geister, die in ein materielles Universum verschlagen wurden, sondern Teil der Schöpfung, jüngste Geschwister unter zahlreichen Mitgeschöpfen, deren Schicksal wir teilen.

Demzufolge ist das konkrete Leben jedes Menschen und jedes Wesens, sind Gerechtigkeit und Geschwisterlichkeit Fragen von religiöser Bedeutung. Dieser Glaube an die göttliche Würde jedes einzelnen Menschen und Wesens hatte mein ganzes Leben geprägt, jede Religion und Weltanschauung hatte ich daran gemessen. Diese christlichen Werte hatte ich in jede Subkultur und auf jede Reise mitgenommen. Nun will ich sie an ihren Wurzeln wiederfinden, die für mich im Christentum liegen. Dort ist es aber am schwersten. Die offiziellen Vertreter der abendländischen Tradition in Geschichte und Gegenwart haben mehr dazu beigetragen, den ursprünglichen Impuls zu entstellen und zu unterdrücken, als seine Reichtümer zu entfalten. Es ist geradezu ein Wunder, daß diese kostbare Blume unter den Heeren der Machtgierigen nicht völlig zertrampelt worden ist, die im Laufe der Geschichte auf sie traten. Wie sollte ich aber zu dieser Tradition stehen, an der ich immer mehr schätzte, aber auch immer mehr ablehnte? Meinen Beobachterstatus konnte ich nicht beliebig lange aufrechterhalten. Zwar gab es keinen äußeren Anlaß, meine religiöse Position zu definieren. Aber da ich die ganzen Jahre hindurch bei Vorträgen und in persönlichen Begegnungen mit vielen Menschen über religiöse Themen sprach, wuchs mein Bedürfnis, meine Haltung deutlich zeigen und benennen zu können.

Den entscheidenden Durchbruch bezüglich des »real existierenden Christentums« brachte mir Paulus. Ja, ausgerechnet Paulus, der arroganteste unter den Aposteln, Schutzpatron aller Fanatiker. Das bestätigte erneut meinen Glauben daran, daß »Gott auf krummen Linien gerade schreibt«, wie der Volksmund sagt, oder wie ich heute sagen würde: daß sich alles Wesentliche paradox zeigt. Bei den Arbeiten zur Übersetzung der Bücher von Matthew Fox begegnete mir die Studie »Der Jude Paulus und wir Heiden« des schwedisch-amerikanischen, protestantischen Theologen Krister Stendahl[3]. In genauen exegetischen Betrachtungen räumt Stendahl mit einigen verbreiteten theologischen Mißverständnissen um Paulus auf und zeigt, was der Inhalt seiner Berufung war: auch den nichtjüdischen Völkern einen Weg zum Christentum zu ermöglichen, der nicht über einen vorherigen Übergang zur jüdischen Kultur führen mußte. Das geschah zu einer Zeit, als die »Heilige Schrift« und das »Gesetz« der Anhänger des Messias Jesus die Thora war – Evangelien gab es natürlich noch nicht. Paulus, selbst ein gesetzestreuer und loyaler Jude, tastete dieses Gesetz für Juden auch nicht an und war stolz darauf, es selbst zu erfüllen. Aber er war in seiner Vision dazu berufen worden, die Botschaft vom Messias auch den anderen Völkern auf eine Weise zu verkünden, daß sie ihre kulturelle Eigenart nicht verleugnen mußten. Der Streit drehte sich zum Beispiel darum, ob Getaufte sich beschneiden lassen und die Speisegebote der Juden befolgen mußten, wie es bis dahin offenbar üblich war. Paulus' Vision war also, daß die Botschaft von der Menschwerdung Gottes nicht vom kulturellen Hintergrund abhängig sein muß, sondern für alle Menschen und Religionen offen ist. Es ist eine Frage, ob es das Christentum ohne diese paulinische Öffnung lange gegeben hätte.

Beim Lesen von Stendahls Paulusdeutung fiel es mir plötzlich wie Schuppen von den Augen, was die paulinische Vision für unsere Zeit und für mich bedeuten kann: Die Öffnung der christlichen Botschaft über die jüdischen Kulturgrenzen hinaus, damals für griechische und römische Heiden, entspricht einer Offenheit der Botschaft über die kirchlichen Kulturgrenzen hinaus für einen modernen »Heiden« wie mich heute. Heute bestehen die Hindernisse zu einer Begegnung mit der tragenden Botschaft des Abendlandes nicht mehr in Beschneidung und Speisegesetzen wie für die frühen Heidenchristen, sondern in kirchlichen Dogmen und Strukturen, in einem zum kulturellen »Gesetz« gewordenen Patriarchat, einer Anhäufung geschichtlicher Lügen und moralischer Heuchelei. All das gehört zwar auch zu meiner Geschichte und geht mich an, ich muß meinen Teil der Verantwortung dafür auf mich nehmen. Aber ich sehe keinen Sinn darin, mich diesem kulturellen Diktat zu unterwerfen und all das weiter zu tradieren, nur weil es sich einmal so entwickelt hat. Daran anknüpfen ja, aber darüber hinausgehen! Mein persönlicher Hintergrund sieht ganz anders aus, und ich gedenke ihn mit hineinzunehmen in den Strom der abendländisch christlichen Überlieferung.

Die Vision des Paulus hat mich angeregt, den fast automatisch entstehenden Anpassungsdruck an bestimmte tradierte Formen und Konventionen abzuwerfen. Trotzdem fühle ich mich als ein Teil der »Kirche« (im ursprünglichen Wortsinn) und weiß mich damit in guter christlicher Überlieferung. Die an Beliebigkeit grenzende Freiheit der pluralistischen Gesellschaft, mit der ich aufgewachsen bin, kann so zur »Freiheit eines Christenmenschen« werden, indem ich mein geistiges Leben in den großen Strom unserer vielfältigen Überlieferung eingebunden sehe, ohne mich dabei von bestimmten willkürlichen Konventionen oder Machtinteressen einengen zu lassen. Die paulinische Berufung ist, uns Christen stets daran zu erinnern, daß wir Zugehörigkeit und Zusammengehörigkeit nicht mit Anpassung verwechseln dürfen. So ist im christlichen Impuls im Grunde der Pluralismus schon angelegt, die Freiheit und Vielfalt des menschlichen Geistes und seiner Kultur, ein Pluralismus, von dem wir heute nur die Karikatur der weltanschaulichen Beliebigkeit kennenlernen. Diese Idee versöhnt mich aber auch damit, daß es innerhalb unserer Tradition Formen und Dogmen gibt, die ich nicht einsehe, die aber für viele Menschen ihren biographischen Hintergrund bilden, so wie ich den meinen habe. Diese Tatsache unterscheidet uns, trennt uns aber nicht.

Dieser Ansatz wirft aber auch die Frage auf: Was ist eigentlich die Frohe Botschaft, wenn damit nicht mehr pauschal die kirchenchristliche Kultur gemeint sein kann? Was gehört unverzichtbar zum Wesen, was ist historische Zufälligkeit? Das heißt auch: Wie würde sich Göttliches heute und hier inkarnieren? Sicherlich nicht mehr so wie in Palästina vor zweitausend Jahren; aber sicherlich auch nicht auf einem goldenen Thron in Rom. Aber wie? Das ist zunächst eine Frage für mich persönlich, die sich aus meinem besonderen Zugang ergibt. Aber es ist auch eine Anfrage an die »Milieuchristen«, was eigentlich das Christliche ihres Lebens ist, wenn wir damit heute nicht mehr die bloße Anpassung an ein kirchliches Milieu meinen können. Insofern hoffe ich, daß meine Überlegungen nicht nur für moderne »Heiden« interessant sind – damit meine ich hier alle, die nicht im kirchenchristlichen Milieu leben oder leben wollen –, die sich von der christlichen Botschaft angezogen fühlen, aber nicht vom kirchlichen »Gesetz«. Sie sollen auch eine Herausforderung an die Christen sein, eine Rückschau auf ihre eigenen Glaubensgrundlagen zu halten.

Vielleicht klingt es neu, die paulinische Vision auf das sogenannte »christliche Europa« zu übersetzen – die Idee dahinter ist keineswegs neu. Ich war schon durch den Theologen Michael Fuß darauf gestoßen worden, der in einem Vortrag über Neue Religiosität eine »kontextuelle Theologie für Europa« forderte. Hinter dem Fachbegriff der »kontextuellen Theologie« verbirgt sich das Bestreben, die Theologie dem kulturellen Hintergrund der Menschen anzupassen, die damit angesprochen werden sollen: die christliche Botschaft den Afrikanern mit afrikanischen Geschichten zugänglich zu machen, mit afrikanischer Musik und afrikanischem Zeremoniell. Indem Michael Fuß dies für Europa forderte, sagte er, daß wir Europäer uns inzwischen so weit vom als typisch christlich geltenden Rahmen entfernt haben, daß auch die europäische Theologie völlig neu entworfen werden müsse, um die heutigen Menschen wieder wirklich anzusprechen. Das ist eine viel provokativere Forderung, als es auf den ersten Blick scheint.

Im Publik Forum (Mai 91) lese ich die Überlegungen eines katholischen Missionars in Afrika (Alfons Mertens) zu diesem Thema. Er beschreibt sehr plausibel, daß es der Kirche in Afrika nicht gelingt, die Menschen »in das zentrale Mysterium sakramentalen Glaubens und Lebens einzuführen« oder ihnen »Begegnung mit der gegenwärtigen Gottheit« zu vermitteln, das nämlich, »was der Afrikaner in den tradierten [afrikanischen] Riten findet«. Er kritisiert deutlich das Festhalten an den europäischen Formen. Damit hat er sicherlich recht – einmal ganz abgesehen davon, daß Mission überhaupt sehr fragwürdig ist. Aber der Missionar erwähnt nicht, daß alles, was er über Afrika schreibt, für Europa ebenso gilt. Die Formen, an denen die Kirchen in Afrika (und hier) festhalten, sind keineswegs diejenigen der heutigen europäischen Bevölkerung. Es sind die Formen und Konventionen eines (glücklicherweise) längst vergangenen Europa, die mich ebensowenig ansprechen und ebensosehr befremden wie die Afrikaner oder die vielen Millionen Europäer, die sich von ihrer Religion abwenden. Es ist eine typische Haltung heutiger Theologie, auf Biegen und Brechen die Form wahren zu wollen – wie Dorian Gray seine Jugend – und dabei das Wesen zu verlieren. Eher läßt man(n) sich auf eine Gott-ist-tot-Theologie ein oder auf eine Entmythologisierung, als strukturelle Änderungen des Gottesdienstes zuzulassen. Wir bewahren alte Aussagen und Bilder, deren Geist uns unzugänglich geworden ist, statt aus dem ewigen alten Geist heraus neue Bilder, Entwürfe und Kultformen zu wagen.

So wie die Chance des frühen Judenchristentums darin lag, sich für die heidnischen Kulturen zu öffnen, so liegt meines Erachtens die Chance des heutigen Christentums und mit ihm diejenige der abendländischen Kultur und Werte darin, nicht nur in Afrika, sondern auch hier völlig neue Formen zuzulassen und zu suchen, sich für die Menschen unserer Zeit mit ihren geänderten Ansprüchen zu öffnen. Vermutlich werden aber die Menschen nicht erst warten, bis die Theologen aufwachen und Zeit haben, ihnen zuzuhören, sondern sie werden anfangen, ihre Religionen selbst zu gestalten. Dieser Prozeß ist schon längst in vollem Gange, besonders unter den Frauen, die auch in dieser Hinsicht einen Schritt reifer als die Männer sind. Ich bin sicher, ein dadurch entstehendes offenes Christentum wäre nicht nur zeitgemäßer, sondern auch »christlicher«, das heißt seinen eigenen ursprünglichen Werten näher.

Denn es springt doch inzwischen jeder und jedem ins Auge, daß sich eine Botschaft der Solidarität und der Liebe nicht durch eine mächtige, patriarchale und autoritäre Hierarchie vermitteln läßt und das Bild einer verwundeten Gottheit, die sich zu den Niedrigsten der Gesellschaft bekannte, nicht durch selbstgerechte und privilegiert bürgerliche Kleriker. – Das Medium ist die Botschaft. Die Struktur wirkt letztlich tiefer als der Inhalt.

Die christliche Botschaft ist nämlich, davon bin ich überzeugt, noch längst nicht ausgeschöpft und voll entfaltet. Und schließlich ist sie die Seele unserer Kultur – ob zu unserem Segen, das muß sich noch zeigen. Aber ohne seine christliche Seele wird das Abendland schnell den Weg aller absterbenden Kulturen gehen. Und ich glaube nicht, daß wir uns eine neue Seele aussuchen oder kaufen können.

Was kann es aber konkret bedeuten, andere Seiten der christlichen Überlieferung zu entfalten? Wie könnten diese aussehen, und welche Vorbilder gibt es dafür in der abendländischen Geschichte? Es hat in der jüdisch-christlichen Tradition schon immer Strömungen gegeben, die mit Bezug auf das Leben und den Kosmos gedacht und gebetet und Gott erfahren haben statt aus hierarchischen Beziehungen, für die die Gottheit der schöpferische Geist des Lebens war und nicht eine autoritäre Figur. Eine solche bisher kaum entfaltete Seite der christlichen Überlieferung ist die »Schöpfungsspiritualität«, wie sie von dem französischen Theologen und Historiker Chenu benannt und durch den Dominikanerpater und Theologen Matthew Fox jüngst bekannt wurde. Mir begegnete sie, als ich zwei Bücher von Fox[4] ins Deutsche zu übersetzen hatte; und ich fand darin viele Gedanken wieder, die mir selbst wichtig waren, viele Gestalten der Geschichte, die mich schon immer beeindruckt hatten, und unzählige neue Anregungen und Zusammenhänge. Diese Überlieferung war und ist mystisch und politisch engagiert (prophetisch), ökologisch und feministisch, erfahrungsbezogen und demokratisch, körperfreundlich und kreativ. Sie eignet sich nicht, um Macht damit auszuüben, und war darum bislang zu einer Randexistenz verurteilt. Natürlich hat diese Überlieferung keine Organisation oder sonstige festgefaßte Form gebildet. Erst im nachhinein läßt sich feststellen, daß unzählige Christinnen und Christen im Laufe der Jahrhunderte aus einem Gedankengut gelebt haben, das in charakteristischer Weise von der christlichen Hauptströmung abwich. Die meisten von ihnen haben zu Lebzeiten große Schwierigkeiten mit ihrer jeweiligen Kirche gehabt. Manche sind aber nach ihrem Tode verehrt worden. Als typisch könnten genannt werden: Hildegard von Bingen, Meister Eckhart, Franz von Assisi, Teresa von Avila, Jakob Böhme, Juliana von Norwich, Nikolaus von Kues und viele andere, über die Matthew Fox in seinen soeben auf deutsch erschienenen Büchern ausführlich spricht.

Das Symbol dieser Überlieferung ist der Kosmische Christus oder die Weisheit in den Schriften des Alten Testaments. Es handelt sich um eine Überlieferung von unten, aus der lebendigen Gottes- und Welterfahrung der Menschen entstanden und immer wieder neu und anders aus ihr quellend, eine schöpferische und ebenso sinnliche wie fromme Tradition. Hier zeigt sich eine durch die Jahrhunderte hindurch immer wiederauftauchende Deutung des Christentums, die nicht auf die »Sünde« (beziehungsweise das übliche falsche Verständnis derselben) fixiert ist, sondern das Leben und die Welt als einen Segen, als ein göttliches Geschenk ansieht. Christus wird darin als das göttliche Wesen gesehen, das uns die Heiligkeit des Universums in allen seinen wunderbaren Dimensionen eröffnet, und als der menschgewordene Gott, der uns zu radikalem Einsatz für Gerechtigkeit und Geschwisterlichkeit auffordert. Die Begegnung mit dieser lebendigen und kosmischen Gottheit wird nicht primär durch Autoritäten vermittelt, sondern kann von jeder Frau und jedem Mann in mystischer Vertiefung oder in kreativer Äußerung erfahren werden. Vor allem hat diese Überlieferung ein positives kosmologisches Verständnis: Die Welt ist nicht nur Jammertal, sondern hauptsächlich Gottes gute Schöpfung. In jüngster Zeit ist es angesichts der ökologischen Krisen auch in theologischen Kreisen üblich geworden, auf die Fragmente positiven Körper- und Naturverständnisses im Christentum hinzuweisen. Die daraus sich ergebenden theologischen, kultischen und organisatorischen Konsequenzen werden aber kaum gezogen. Fox dagegen läßt es nicht bei zeitgemäßen Sprüchen, sondern arbeitet eine Kosmologie mit allen sozialen und kultischen Konsequenzen heraus, die er auch umzusetzen versucht. Gerade diese an den Rand gedrängte Kosmologie hätte das Christentum bitter nötig gehabt. Denn die säkularen Naturwissenschaften konnten nur deshalb das Bild einer auszubeutenden, entheiligten, wert- und wesenlosen Welt entwerfen, weil es der abendländischen Religion nicht gelungen ist, eine Kosmologie zu entwickeln, die alle Lebens-, Alltags-, Seelen-, und Naturerfahrungen der Menschen mittragen und deuten konnte. Bis ins Mittelalter hinein gab es noch eine ausgeprägte christliche Kosmologie, doch wurden die kosmologischen Elemente immer mehr als »heidnische« Relikte empfunden und aus dem Hauptstrom der Religion verdrängt. So mußten sie in Gestalt der Naturwissenschaften durch die profane Hintertür mit vermehrter Gewalt wiederkehren. Und inzwischen hat das wissenschaftliche Stiefkind der christlichen Tradition seine Mutter in bezug auf die Weltdeutung und -erfahrung fast völlig verdrängt – mit zum Teil fatalen Folgen. Denn was auch immer wir aus unserer aufgeklärten Sicht gegen die religiösen Kosmologien einzuwenden haben, wir müssen ihnen zugute halten, daß sie nie Zerstörungen solchen Ausmaßes angerichtet haben wie unsere säkularisierte Technik. Natürlich können wir nicht hinter unsere eigene Geschichte zurück, aber der theologische Ansatz, den Fox vertritt, die moderne Fassung der Schöpfungsspiritualität, könnte es leisten, das Christentum mit einer aufgeklärten Kosmologie und einer erneuerten religiösen Erfahrungskultur zu verbinden.

Während ich über ein Christentum schreibe, das aus der persönlichen Erfahrung kommt und offen ist für Einsichten aus anderen Religionen, klingen mir die Fragen einiger kirchlich orientierter Christen im Ohr, die mir in Gesprächen zu diesem Thema gestellt wurden: Entsteht daraus nicht ein religiöser Relativismus oder Synkretismus? Ist das nicht ein zu lockerer Umgang mit der Wahrheit und der Überlieferung, der letztlich zu Verfälschungen führt? Müssen wir nicht die in der Bibel überlieferte Gültigkeit der Worte Jesu anerkennen? Setzen nicht die Schrift und das Zeugnis der Apostel einer solchen »Vielfalt« klare Grenzen?

Demgegenüber möchte ich zu bedenken geben, daß es niemals *das* Christentum gegeben hat, sondern immer schon eine Vielzahl christlicher Gruppierungen, die heute kaum noch überschaubar ist. Allein in der geschlossenen Welt des Mittelalters und der Neuzeit konnte der Eindruck entstehen, es gebe nur die eine Kirche. Und auch dieser Eindruck wurde spätestens mit der Reformation zerstört. Und grundfalsch ist es, die christliche Einheit ins vielzitierte Urchristentum zurückzuprojizieren. Es hat wohl nie wieder eine solche Vielfalt und solche Extreme christlicher Glaubensüberzeugungen gegeben wie gerade in den ersten drei Jahrhunderten des Christentums, bevor sich die Amtskirche und der Kanon des Neuen Testaments gebildet hatten. Erst in den letzten Jahrzehnten haben wir durch Schriftenfunde (Qumran, Nag Hammadi) Genaueres über die verschiedenen frühchristlichen Gruppierungen erfahren. Viel ist es immer noch nicht, aber genug, um sagen zu können, daß das bisher durch die letztlich siegreiche Amtskirche vermittelte Bild sehr verzerrt ist. So schreibt Elaine Pagels, eine Spezialistin für die Geschichte des frühen Christentums und gnostische Texte, in ihrer Studie »Versuchung durch Erkenntnis – die gnostischen Evangelien«: »Nun, da uns die Nag-Hammadi-Entdeckungen eine neue Perspektive auf diese Entwicklung eröffnet haben, können wir verstehen, warum zu allen Zeiten kreative Menschen, von Valentinus und Herakleon bis zu Blake, Rembrandt, Dostojewski, Tolstoi und Nietzsche, außerhalb des orthodoxen Christentums standen. Alle waren von der Gestalt Christi fasziniert – von seiner Geburt, seinem Leben, seiner Lehre, seinem Tod und der Auferstehung; alle griffen auf christliche Symbole zurück, um ihre eigene Erfahrung auszudrükken. Und doch lehnten sie sich gegen die orthodoxen Institutionen auf. Heute wächst die Zahl derer, die dieselbe Erfahrung durchmachen. Sie können sich nicht allein auf die Autorität der Schrift, der Apostel, der Kirche verlassen, zumindest nicht ohne nachzufragen, wie sich diese Autorität begründet und was ihr, wenn überhaupt, Legitimität verleiht. Die alten Fragen – die ursprünglichen, am Anfang des Christentums heftig umstrittenen Fragen – werden wieder gestellt: Wie soll man die Auferstehung verstehen? Wie steht es mit der Zulassung der Frauen zum Priester- oder Bischofsamt? Wer ist Christus, und in welcher Beziehung steht er zu den Gläubigen? Läßt sich das Christentum mit anderen Weltreligionen vergleichen?«[5] Pagels macht auch sehr deutlich, daß viele dieser theologischen Fragen damals nicht nur aus theologischen Gründen so und nicht anders beantwortet wurden. Vielmehr ging es oft darum, die Machtposition bestimmter Gruppierungen innerhalb der frühen Gemeinden zu stützen. So wurden etwa keine gnostischen Evangelien kanonisiert, die sehr viel Gewicht auf die unmittelbare Geist- und Christuserfahrung einzelner Menschen legten, denn solche Erfahrungen hätten der alleinigen Autorität des Klerus im Wege gestanden.

Eine anfangs sehr umstrittene Gestalt hat sich allerdings durchgesetzt, obwohl ihre Briefe im frühen Christentum hauptsächlich von Gnostikern rezipiert wurden: Paulus. Viele Christen machen sich nicht deutlich, was es für die apostolische Gültigkeit bedeutet, daß gerade der große Apostel Paulus niemals dem leibhaftigen Jesus begegnet ist – ebensowenig wie wir das heute können. Die Begegnung mit dem Christus in seinem Geiste reichte aus, um ihn zum wichtigsten und eifrigsten Propheten des Messias zu machen. Anfangs stand seine Autorität natürlich sehr in Frage, denn es gab ja noch genügend Frauen und Männer, die Jesus selbst gekannt und seine Reden gehört hatten. Wir müssen uns vor Augen führen, daß das von Paulus verkündete »Evangelium« natürlich nicht in dem bestand, was wir heute als Evangelien kennen, denn diese Texte sind erst eine Generation später zusammengestellt worden. Paulus kannte nur einige mündliche Berichte von Jesus und seine eigene visionäre Erfahrung. Er hatte die persönliche Stärke, seine Auffassung durchzusetzen, aber dadurch wird seine Vision keineswegs gültiger als die Visionen und mystischen Erfahrungen anderer Menschen vor und nach ihm. Immerhin aber steht er mitten in der orthodox christlichen Tradition als ein unumstößliches Beispiel dafür, daß die mystische Erfahrung eines einzelnen ebensoviel gelten kann wie die Berichte der Augenzeugen.

Die theologische Forschung hat längst gezeigt, daß die Evangelien als Quellen für tatsächliche Ereignisse und Worte nur sehr begrenzten Wert haben. Und bislang sind noch nicht die theologischen Konsequenzen daraus gezogen worden, daß es keinen plausiblen Grund gibt, die vielen apokryphen Evangelien und sonstigen Texte des frühen Christentums aus der heutigen Betrachtung der Gestalt Christi auszuschließen. Diese apokryphen Texte setzen zum Teil deutlich andere Akzente als die kanonisierten vier Evangelien. Unter anderem werfen sie ein neues Licht auf die Rolle der Jünger*innen* in der Anfangszeit. Es erscheint mir abwegig, einer Reihe von Texten, die aufgrund verschiedener Gruppeninteressen mehrere Generationen nach Jesu Tod als Bibel zusammengestellt wurden, eine alleinige Autorität einzuräumen. Zumal derartig deutungsbedürftige Texte ohnehin nie von sich aus autoritativ sein können, sondern hinter ihnen immer die Autorität derer steht, die sie deuten. Da scheint mir der katholische Grundgedanke sinnvoll, die Überlieferung der Gemeinde zum Hauptmaßstab zu machen, innerhalb dessen die Heiligen Schriften eine wichtige Rolle spielen. Nur ist die ursprüngliche Überlieferung, die wir zugrundelegen müßten, viel breiter und bunter und lebendiger als der kleine Ausschnitt, den die Kirche gelten läßt.

Es gilt heute als selbstverständlich, daß vieles in der Bibel nicht wörtlich, sondern nur, im übertragenen Sinne, bildlich verstanden werden kann; wie etwa die Schöpfungsgeschichte oder die Teilung des Meeres oder das hohe Lebensalter der biblischen Patriarchen. Anderes dagegen wird wie eine historische Tatsache angenommen (zum Beispiel je nach theologischer Richtung: die Jungfrauengeburt oder die Auferstehung), obwohl es für solche Unterscheidung der Realitätsebenen in den Texten keine ausreichenden vernünftigen Kriterien gibt als das, was einer Epoche gerade glaubhaft oder zu wundersam erscheint. Konsequenter wäre es, der Bildersprache ihre eigene Wahrheit zuzugestehen und Erfahrungen mit der geistigen Wirklichkeit zu vermitteln, auf die sie uns verweisen. Heilige Texte sind nicht wahr oder falsch, sie sind heilig: Sie sind Bezugspunkte unserer Gotteserfahrungen und geben ihnen den Rahmen und die Bedeutung. Sie ermöglichen es, religiöse Erfahrungen innerhalb einer Gemeinschaft zu überliefern und auszudrücken. Darin besteht ihr Wert und ihre Wahrheit – die viel größer sind als diejenigen der historischen Korrektheit.

Der Umgang der Theologie mit der Schrift hat im Laufe der Jahrhunderte so viele Ungereimtheiten ergeben, daß ich wohl ohne Übertreibung sagen kann, daß jeder sich die Schwerpunkte dabei gesetzt hat, die ihm gerade genehm waren. Und wer weiß

überhaupt, ob Jesus uns heute ähnliche Antworten geben würde wie den Menschen, die ihn damals zu ganz bestimmten Problemen ihres Lebens gefragt haben? So schreibt Krister Stendahl in dem oben schon zitierten Buch: »Natürlich, wenn wir in der Apostelgeschichte lesen: ›und dann segelten wir nach Kreta‹, dann würden nur sehr wenige Prediger behaupten, das ›wir‹ sei auf heutige Menschen zu beziehen; aber sobald ein solches Pronomen in einem theologischen Zusammenhang auftaucht, verfallen wir dem Zwang, es auf uns selbst anzuwenden ... Martin Luther hatte ein Gespür für diese Frage. Wenn andere ihm die Schrift zitierten, dann konnte es vorkommen, daß er sagte: Ja, es ist Gottes Wort, aber ich denke nicht, daß es Gottes Wort für mich ist. Jesus konnte sagen: ›Wer nicht gegen uns ist, ist für uns‹ und ›wer nicht für mich ich, ist gegen mich‹. Aber diese beiden Sätze können nicht zu derselben Zeit denselben Menschen gesagt worden sein. Sie sind verschiedene Antworten auf unterschiedliche Fragen.«[3]
Andere Mißverständnisse der Texte ergeben sich daraus, daß wir beim Lesen manche Wörter unwillkürlich so verstehen, als würden sie heute ausgesprochen. Aber wenn in der Bibel vom EVANGELIÓN die Rede ist, sind damit natürlich nicht die Texte oder Geschichten gemeint, die wir heute mit diesem Wort bezeichnen und die erst Generationen später entstanden sind. Oder das Wort EKKLESIA bezeichnet nichts in der Art unserer Kirchen, die es erst Jahrhunderte später gab. Theologinnen und Theologen wissen das natürlich, aber ich bin sicher, daß die meisten Christen beim Lesen der Texte solche irreführenden Assoziationen haben.

Mit all diesen Überlegungen wollte ich deutlich machen, daß ich die anfangs genannten Fragen als falsch gestellt empfinde. Es ist reine Willkür, *eine* christliche Tradition anzunehmen und alle anderen Auffassungen und Deutungen als Abweichungen oder Verfälschungen zu kennzeichnen. Von Anfang an, schon unter den ersten Jüngerinnen und Jüngern, hat es unterschiedliche und gegensätzliche Deutungen der Botschaft Christi gegeben, unterschiedliche Erfahrungen mit seiner physischen und seiner geistigen Gegenwart, unterschiedliche Vorstellungen darüber, wer er sei. Allen gemeinsam, die sich damals oder heute als Christinnen und Christen bezeichnen, ist jedoch, daß ihr Leben durch die Begegnung mit Christus gewandelt wurde, daß diese Begegnung für sie zum Inbegriff ihrer Gottesbegegnung und zum Mittelpunkt ihres Lebens wurde. Und selbst diejenigen, die das nicht nachvollziehen können, werden zugestehen, daß die Begegnung mit diesem Gesalbten (Messias, Christus) Jesus die menschliche Geschichte tief gewandelt und beeinflußt hat und zum Mittelpunkt unserer abendländischen Kultur wurde.

Wäre es nicht großartig und bereichernd, wenn von dieser zentralen Begegnung aus viele verschiedene Wege des Verständnisses und des kultischen Lebens offenstehen könnten? Die Vision des Paulus, die Existenz einer Tradition der Schöpfungsspiritualität und die vielgestaltigen Formen des Urchristentums zeigen, daß diese Offenheit im Christentum tatsächlich immer bestand.

Abgesehen von den Vorbildern, die wir in der Vergangenheit finden können, muß doch eine Tradition auch weiterleben. Ich begreife oft nicht die Mutlosigkeit heutiger Theologen und Theologinnen, die sich darauf beschränken, Elemente der Überlieferung zu interpretieren und auf uns anzuwenden – als sei das letzte Wort Gottes an diese Welt schon gesprochen, als sei das Christentum so senil geworden, daß es sich nur noch an Maßstäben der Vergangenheit orientieren kann. Warum werden keine neuen Entwürfe gewagt, keine neuen heiligen Geschichten geschrieben? Eine Überlieferung lebt nur, solange sie wächst und sich wandelt. Ein herrliches Beispiel dafür, wie eine Tradition die Kontinuität mit der eigenen Vergangenheit wahren, aber dennoch ganz neu werden kann, sind für mich die Chassidim, eine Strömung im östlichen Judentum des vorigen Jahrhunderts. Ich empfinde es als einen großen Mangel an Vertrauen in unsere Beziehung zur Gottheit und zueinander, daß wir uns nicht die Freiheit nehmen können, unsere Tradition dadurch zu lieben und zu achten, daß wir sie umgestalten, erneuern, wachsen lassen. Gott ist immer neu.

Die gestohlene Göttin

»Die Erde ist unsere Mutter,
wir müssen für sie sorgen.
Heilig ist die Erde,
auf der wir gehen mit jedem Schritt.
Kommt alle wieder zusammen,
vereint mein Volk.«

INDIANISCHES LIED

Dieses Lied singen etwa dreißig Frauen und Männer und tanzen nach einem leicht stampfenden Rhythmus im Kreis. – Nein, wir befinden uns in keinem modernen Hexencoven oder Schamanentreffen, sondern bei einer Tagung evangelischer Pfarrerinnen und Seelsorger in Deutschland, in der Evangelischen Akademie Mülheim/Ruhr. So unglaublich es klingt, Sie können sicher sein, daß ich mir das Ereignis nicht ausgedacht habe. Soweit hätten selbst meine hoffnungsvollsten Phantasien nicht gereicht. Nicht nur Lieder und Zeremonien für die Erde, bald entdeckten einige, daß das gute alte Taizé-Lied »Ubi caritas et amor . . .« sich ebensogut auf »dea ibi est« beenden läßt wie auf »deus«. Und ein Feuerritual in der Nacht rundete meinen Eindruck und meine Verblüffung ab. – Es ging nicht einmal um ein exotisches Thema, das dafür gesorgt hätte, daß Inhalte und Stimmung von einem typischen New-Age-Seminar kaum zu unterscheiden waren. Als Zaungast dieser Veranstaltung, von der ich »seriöse« theologische Vorträge und eine Menge Langeweile erwartet hatte, war ich überrascht und hoch erfreut.

Wie konnte es zu so etwas kommen? fragt sich besorgt der Theologe. Äußeren Anlaß gab es keinen, tiefere Gründe natürlich genug. Ich glaube, die Antwort ist: Etwa zwei Drittel oder mehr der Teilnehmenden waren Frauen. Diese Dominanz der Frauen sorgte nicht nur für die lebhafte Bereicherung der liturgischen Formen, sondern auch für Umgangsformen, die mir auf solchen Tagungen noch nicht begegnet waren: emotionale Direktheit und Ehrlichkeit, Abbruch von intellektuell abgehobenem Gerede, Offenheit auch in gereizten Unstimmigkeiten und bei alledem ein grundlegendes Gefühl der Solidarität (unter den Frauen).

Unsere abendländische Überlieferung, unsere christliche Kultur lebt seit Jahrhunderten mit weniger als der Hälfte ihrer Möglichkeiten, ihrer Kräfte und Einsichten. Im menschlichen Umgang, im gesellschaftlichen Leben, im Heilen, in der Kunst und der Wissenschaft und in der Religion, im Kult. Die Hälfte ihrer Seele ist gestohlen worden und wurde durch ein Surrogat, eine seichte Karikatur, ersetzt. Die andere, männliche Hälfte führte seitdem ein Kümmerdasein, erkrankte immer mehr und ist soeben dabei, den Rest der Welt mit in ihren Todeskampf hineinzuziehen.

Man(n) hat uns die Göttin geraubt, die weibliche Hälfte der Lebenskraft, des Geistes, der Gottheit, der Welt und des Menschen. Seit so vielen Generationen fehlt uns alles Lebendige, das mit diesem Symbol zusammenhängt, daß unsere Kultur sich kaum noch daran erinnern kann. Der Mangel an Geist und Leben ist uns unbewußt geworden und verdrängt, die meisten empfinden es sogar als peinlich und fremd, vom Göttlichen und Heiligen in weiblichen Symbolen zu sprechen. Dennoch stelle ich mir die Schöpfung der Welt lieber im Bilde der Geburt vor, als daß sie *gemacht* worden sei. Sofern ich überhaupt zu geschlechtsspezifischen Bildern für Transzendentes greife, müssen sie ausgewogen sein, um eine Ganzheit zu repräsentieren.

Es ist sehr befreiend und erleichternd zu bemerken, daß die Göttin wieder Einzug ins Christentum hält. Es macht mir mehr Hoffnung als viele andere offensichtlichere Entwicklungen, denn ich glaube, daß alle großen kulturellen Umwälzungen symbolisch und künstlerisch angezeigt werden. Und nichts wird sie daran hindern, kein Lehramt und keine Theologen. Als Maria verkleidet war sie immer da – von Geburt des Christentums an, im wahrsten Sinne des Wortes. Sie muß große Schmerzen gelitten haben um das, was aus der Sendung ihres Sohnes geworden ist – so hat sie sich unter den tausendfältigen Namen einen neuen erworben, MATER DOLOROSA. Heute macht sie sich in offensiveren Gestalten bemerkbar und zieht auf dem Wege in die Tradition ein, auf dem alles Wichtige gekommen ist: nicht über die Katheder und Kanzeln, sondern durch die Herzen und das Leben der Menschen – jetzt hauptsächlich der Frauen.

Nachdem ich eine Ahnung davon bekommen habe, welche Möglichkeiten das Christentum bietet, wenn wir seine Symbole frei interpretieren, wundert es mich um so mehr, warum davon so wenig Gebrauch gemacht worden ist. Von der Heiligen Dreifaltigkeit steht nichts in der Bibel, trotzdem kann sie eines der christlichen Hauptsymbole sein. Auch davon, daß Maria eine Göttin, die Inkarnation der weiblichen Seite Gottes, ist, steht natürlich nichts in der Bibel, aber das Volk hat sie immer so behandelt, unbeeindruckt von allen theologischen Spitzfindigkeiten. Zu ihr wird gebetet, wie Mann und Frau zu Göttinnen und Göttern eben beten. Was hindert uns denn anzunehmen, daß sich die unerkennbare, unnennbare (und natürlich nicht-geschlechtliche) Gottheit in einer männlichen und einer weiblichen Form ausgedrückt hat, die in der menschlichen Geschichte als Maria und Jesus verkörpert sind?

Die feministische Theologie hat inzwischen gezeigt, daß es im Alten Testament eine Fülle weiblicher Gottessymbole gibt. Angefangen damit, daß es in unserer Schöpfungsgeschichte »Gott« und »er« heißt, wo im Originaltext der weibliche Plural ELOHIM steht, also »Gottheiten« oder »Göttinnen«. Was wir als »*der* Geist« übersetzt bekommen, ist die hebräische RUACH, die ins Griechische hinein als das PNEUMA neutralisiert und dann zum lateinischen SPIRITUS vermännlicht wurde. Auch die Weisheit, die heilige Sophia der Ostkirche, ist in der hebräischen Bibel eine weibliche göttliche Kraft, von der sich in der Weisheitsliteratur wunderschöne Hymnen finden. Die Weisheit (CHOCHMA) ist nach diesen Texten Gott an die Seite gestellt, wenn sie auch im monotheistischen Judentum natürlich nicht direkt zur Gottheit werden konnte. Und für Christen ist diese alttestamentliche Gestalt der göttlichen Weisheit deshalb interessant, weil Jesus mehrfach Aussagen macht, die in der Schrift von der Weisheit gemacht werden, sich also mit ihr identifiziert. Was im Johannesprolog über den Logos gesagt wird, paßt zum Teil wörtlich auf die Aussagen der weiblichen Gestalt der Weisheit aus dem Alten Testament. – Und selbst wenn das alles nicht so wäre, wenn wir keine Vorbilder für weibliche Gottessymbolik aus unserer Tradition aufzugreifen hätten, dann würde es höchste Zeit, neue weibliche Bilder zu gebären. Die Tradition ist für die Menschen da, nicht die Menschen für die Tradition, wie Jesus bezüglich des Sabbats sagte.

Alfter, 22. 1. 1990.
Lieber Thomas, nach unserer Diskussion über die Negative Theologie noch einige streitbare Gedanken: Auf meine Vorwürfe gegen die männliche Bildhaftigkeit des christlichen Gottes wendest Du ein, daß Gott natürlich nicht geschlechtlich ist, daß all unsere Bilder nur vorläufig sind. Gerade in der Ostkirche und im westlichen Mittelalter sei die Lehre von der Nichtaussagbarkeit Gottes, die »Negative Theologie«, sehr wichtig. Von daher dürfe ich die Bilder nicht wörtlich verstehen. Ganz im Gegenteil dazu meine ich, daß Negative Theologie als Enthaltung von Aussagen über Gott nur auf höchster Abstraktionsebene Gültigkeit hat. Auf niederen Ebenen wird sie zum Rückzug aus dem Denken und Wahrnehmen des manifestierten Geistes, zur Lüge. Der »Negative Theologe«, der zum »Herrn« betet, lügt. Er ist insgeheim oder unbewußt Anwalt der kirchlichen Macht, ein Abstraktfärber, der das kritische Denken einlullt.

Als letzte Aussagemöglichkeit des Menschen über Gott und die absolute Wahrheit ist die Negative Theologie natürlich die einzige Lösung – darüber brauchen wir nicht zu diskutieren. Aber ein theologischer Entwurf hat nicht nur die Aussagegrenzen vor dem Absoluten einzuhalten, sondern er spielt eine erhebliche psychologische und gesellschaftliche Rolle. Wir leben nicht im Absoluten. Die relative Welt hat ihre eigenen Gesetze. Und auf dieser Ebene gilt der Satz C.G. Jungs: »Wirklich ist, was wirkt.« Da kann man sich nicht hinter die Uneigentlichkeit von Metaphern und Bildern zurückziehen. Denn die Bilder und Sprechweisen der Theologen haben sehr deutliche Wirkungen. Nicht auf Gott natürlich, aber auf die Menschen und vor allem die Gesellschaftsstruktur.

Es ist also auch eine »Positive Theologie« nötig, die Aussagen über Gott macht. Solche müssen aber vom Menschen her gedacht sein. Von Gott her können wir nicht denken. Menschen aber brauchen solche Bilder von Gott oder Göttin, die ihnen guttun. Die Frage hat also zu lauten: Was bewirkt ein Gottesbild in unserem seelischen Haushalt und unserer menschlichen Gemeinschaft? Unter dieser Perspektive ist es ganz und gar nicht unerheblich, ob ich Gott als Mann bezeichne – wie Du es gern als »grammatische Zufälligkeit« verniedlichst. (Und wenn es so belanglos wäre, warum könnten wir es nicht einfach ändern?) An dieser Grammatik sind Millionen Menschen gestorben. Auch aus einer noch so ehrwürdigen Tradition dürfen wir solche tödlichen Bilder nicht übernehmen. Nicht weil wir jetzt mehr über die Gottheit wüßten, sondern aus Verantwortung vor uns selbst, vor einander, vor allem vor den Schwachen in dieser Welt und dann letztlich doch vor einer Gottheit, die mehr von uns »will« als kindliche Autoritätshörigkeit. Wenn ich nicht Zen praktiziere – das wäre die andere Lösung –, sondern von Gott rede, mir Bilder von ihr mache, dann muß ich diese Bilder vor der Gesundheit der Seele, der Gesellschaft und der Erde verantworten können. Und das kann die christliche Religion mit ihren typischen Mann- und Herrgottbildern nicht.

Auf diesem Hintergrund kann Negative Theologie faktisch zu einer schweigenden Legitimation der vorhandenen Macht werden, die man(n) zwar für uneigentlich erklärt, ihr aber in der Praxis den Rücken stärkt. So entsteht eine sentimentale, weltflüchtige Mystik, die sich nicht darüber bewußt werden will, daß auf unserer Existenzebene durchaus die Gesetze der Dualität gelten und angewendet werden müssen. Wir begegnen der Gottheit nicht in abstrakter oder absoluter Form, sondern in den unendlich vielfältigen Manifestationen dieser Welt, ihrer Schöpfung, in anderen Menschen und in uns selbst. Gewiß entstehen daraus Bilder. Aber die Bilder sind so vielfältig wie das Leben, der Geist, die Gottheit selbst. Es ist verdächtig, wenn Gottesbilder nur eine Seite widerspiegeln.

Wir dürfen also nicht hinter die Überlieferung zurückgehen, sondern müssen sie aufgreifen und weitergehen. Wir brauchen sicherlich eine Religion, die auf der praktisch menschlichen Ebene deutlicher Stellung bezieht (Befreiungstheologie, Drewermann, u. a.), dürfen dabei aber nicht übersehen, daß unserer derzeitigen abendländischen Religion auch im Bereich der Theologie, *der Kosmologie und der praktischen, nicht auf Psychologie reduzierten Transzendenzerfahrung so ziemlich alles fehlt, was fehlen kann. Das Feld ist den Schwärmern und Fundamentalisten überlassen und den Psychologen. Die einen sagen zu viel, die anderen zu wenig. (Vielleicht liegt eine der theologischen Lösungen dieses Dilemmas in der kabbalistischen Doktrin von der verborgenen und der offenbaren Seite Gottes.)*

Aber wer weiß schon etwas über die Sophia, über RUACH oder die abstrakten Diskussionen zur Weiblichkeit Gottes? Die wichtigste weibliche Figur im Christentum ist Maria. Ihr ist wohl größere Verehrung zuteil geworden als irgendeiner anderen christlichen Gestalt, praktisch ist sie immer wie eine Göttin verehrt worden, und dennoch meine ich, ist längst nicht ausgeschöpft, was die Geschichten über sie erzählen. Lese ich in den Evangelien, so springt es mich förmlich an, daß Maria gegenüber Jesus eine zumindest gleichgeordnete Rolle hat. Sie tritt zwar nicht so viel in Erscheinung, und fünfzehn Jahrhunderte Theologie haben ihr übriges getan, ihre Rolle in enge Schranken zu weisen und dem Volk auszureden, was es intuitiv sehr richtig erkannt hat. Aber Maria tritt an allen entscheidenden Stellen der Geschichte des Gesalbten auf. Und dabei halte ich es für bemerkenswert, daß mehrere weibliche Gestalten auftreten, die alle den Namen Maria tragen. (Sicherlich wird der Name häufig gewesen sein; aber ich würde heute doch auch keine Geschichte erzählen, in der *zufällig* mehrere wichtige Figuren Fritz heißen.) Versuche ich die Evangelien ohne die Voreingenommenheit zu lesen, die sich daraus ergibt, daß wir meist die Deutung vor den Geschichten kennenlernen, so würde ich Maria ebenso für eine göttliche Fleischwerdung halten wie Jesus.

Markus erzählt, wie sich der Geist Gottes auf Jesus senkt und ihn als göttlich kennzeichnet. Bei Matthäus und Lukas senkt sich der Geist Gottes auf Maria, die ebenso als göttlich gekennzeichnet wird und dann Jesus als göttliches Kind in die Welt bringt. Jesus vollbrachte das Wunder, Menschen wieder zum Leben zu erwekken, die zuvor bereits gelebt hatten. Maria vollbrachte das größere Wunder, indem sie einem göttlichen Menschen das Leben gab, der vorher noch nicht gelebt hatte. (Bezeichnenderweise haben wir uns daran gewöhnt, über die Erweckung eines Toten mehr zu staunen als über die immer wieder wunderbare Geburt eines gänzlich neuen Lebens.) So leuchtet es mir unmittelbar ein, Maria nicht als eine vom (männlich gedachten) Geist Befruchtete zu sehen, sondern als Inkarnation eben dieser RUACH, des weiblichen Geistes. Schließlich gilt nach paulinischer Lehre, daß Jesus in allem außer der Sünde den Menschen gleich ist. Das trifft aber auch auf Maria zu, wie das Dogma der unbefleckten Empfängnis besagt (das meist irrtümlich auf die Jungfrauengeburt bezogen wird). Maria und Jesus sind also beide nicht in der Sünde, das heißt nicht vom Göttlichen gesondert, nicht aus der Einheit gefallen, sind ganze, nicht entfremdete, also göttliche Menschen. Noch deutlicher als dies spricht aber der gesamte Verlauf der Geschichten um Jesus, die kaum den jüdischen Erwartungen an ihren Messias entsprochen haben, sich aber genau an das antike Muster von der kosmischen Göttin und ihrem Sohn (oder Helden) halten: Jesus wird von der jungfräulichen Mutter geboren und stirbt in ihrer Gegenwart den Opfertod, von dem er Ostern (dem Fest des Frühjahrsvollmondes) aufersteht. So erzählt also das Evangelium nicht nur die Geschichte eines fleischgewordenen Gottessohnes, sondern der gesamte Mythos von der Göttin und ihrem sterbenden und auferstehenden Sohn, wie er im Orient bekannt war, nimmt in dieser Geschichte menschliches Fleisch an, wird »historisch«. Dazu gehört natürlich auch die Kommunion mit dieser sterbenden und auferstehenden Gottheit durch die rituelle Aufnahme ihres Fleisches und Blutes.

Vielleicht ist die weibliche Seite im Christentum gerade darum so vehement und grausam unterdrückt worden, weil das Evangelium im Grunde eine matriarchale Geschichte ist, deren weiblicher Hintergrund und deren tragende Göttin nur sehr dünn überdeckt sind. Das gläubige, theologisch nicht gebildete Volk hat das von jeher gefühlt und die dogmatischen Grenzen sehr weitläufig in seinem Sinne gedehnt. In vielen Ländern ist das Christentum für den theologisch unbefangenen Beobachter hauptsächlich ein Kult der Muttergottes (allein diese Wortbildung ist schon vielsagend).

Maria ist aber nicht nur Jesu Mutter, sondern auch (als Maria Magdalena) seine Gefährtin oder Geliebte; beziehungsweise ist er ihr Geliebter, denn sie gehört ihm nicht, sie ist eine freie Frau (in der Geschichte als Hure gekennzeichnet). *Ihr* erscheint der Auferstandene als erster, doch ist auch diese Tatsache von den männlichen Jüngern Jesu heruntergespielt worden. Das apokryphe Evangelium der Maria Magdalena erzählt unter anderem von dieser Schwierigkeit, die sie schon als erste Christin hatte.

Und es ist auch Maria (in ihrer dritten wichtigen Funktion), die Jesus zum Christus, zum Messias salbt. Vielen Christinnen und Christen ist es heute nicht bewußt, daß »Christus«, der »Gesalbte«, nicht Teil eines Eigennamens, sondern ein Titel ist, der in Analogie zur Salbung des Hauptes der früheren jüdischen Könige königliche Würde und göttliche Autorität verleiht. Erst durch die Hand einer Frau (der verkörperten Göttin – Maria) kann Jesus zum Geweihten Gottes werden und seine Sendung vollenden. Die Geschichte der Salbung zu Bethanien steht (meist wenig beachtet) am Beginn der Passionsgeschichte von drei Evangelien (bei Lukas früher), also an einer sehr herausgehobenen Stelle. Die Passion *beginnt* mit der Salbung. Diejenige, die solches tut, die Jesu Sendung derart initiiert, handelt als Priesterin mit göttlicher Autorität (die sie ja sonst nicht übertragen könnte).

So tritt Maria auf als Mutter(göttin), als freie, liebende Frau und als einweihende, in den Tod initiierende Priesterin – die typische Dreiheit der Göttin. Die Auffassung Marias als Göttin wird unter anderem auch dadurch unterstrichen, daß die bis heute üblichen Darstellungen Marias mit dem Jesusknaben direkte Entlehnungen der Bilder von *der* großen antiken Muttergöttin Isis mit dem

Horusknaben sind, die sich in der Frühzeit oft schwer voneinander unterscheiden lassen. Daß sie eher im Hintergrund der Geschichte bleibt, gehört zur Erzählstruktur der meisten antiken Mythen um die Göttin: Sie ist in ihrer dreifachen Gestalt der ewige Bezugspunkt und sendet ihren göttlichen Sohn (manchmal auch nur einen halbgöttlichen Helden) als Handelnden in die Welt. Natürlich ist es eine für Männer erzählte Geschichte, das entsprach der damaligen Gesellschaft. Der Handelnde, sich Entwickelnde ist ein Mann. Aber es bedarf nur einer Neuerzählung, um die weibliche Seite der Geschichte deutlicher werden zu lassen, die in der männlichen Erzählweise im Hintergrund bleibt. Ich hoffe sehr, daß unsere Zeit es noch hören wird, daß Frauen das Evangelium aus ihrer eigenen Sicht erzählen.

Neben dem Bemühen, eine starke weibliche (und damit auch eine gesundende männliche) Seite in unserer Überlieferung herauszuarbeiten und neu zu entwerfen, ist es mir sehr wichtig, daß wir in diesen alten und neuen Bildern nicht weiter hierarchische Beziehungen zementieren und verklären. Eine hierarchisch oben stehende »Herringöttin« oder »liebe Göttin« wäre mir keineswegs lieber als der Herrgott oder der liebe Gott. Das Hauptproblem ist nicht nur, welchen Geschlechts die Spitze unserer Göttlichkeitshierarchie ist, sondern daß wir Gottheit überhaupt hierarchisch sehen, statt sie in unseren Beziehungen zum Leben und zueinander lebendig zu erfahren. Herrschende Göttinnen allein machen eine Gesellschaft keineswegs matriarchal oder auch nur frauenfreundlich, wie ein Besuch in Indien lehrt. Kaum eine zeitgenössiche Gesellschaft hat so mächtige Göttinnen wie die hinduistische, und kaum eine ist so frauenfeindlich.

Aber ich habe die Hoffnung, daß die hierarchische Denk- und Fühlweise, unter der unsere christliche Tradition so leidet, zu den patriarchalen Strukturen und ihrem Machtanspruch gehört und mit diesen auch bald verschwinden wird.

Eine weitere Tragik der patriarchalen Kultur und der abendländischen Geschichte liegt auch darin, daß sie sich von den natürlichen Abläufen abgekapselt hat. Das Christentum hat sein kollektives Bewußtsein von den Rhythmen und Kreisläufen der Natur abgespalten. Dieser Prozeß hängt eng zusammen mit der Verdrängung der vollen Gestalt der Göttin, ihrer Reduktion auf die fromme und unterwürfige Maria. Die Göttin war immer auch die Seele der Natur, die aller Sinnlichkeit, allen Elementen und allem Leben innewohnte. Wenn die religiösen Kulte der Menschheit auch immer über die konkrete Natur hinauswiesen, so lehnten sie sich in ihrer Form und ihren Zyklen doch stets an die natürlichen Zyklen an, die die Menschen über Generationen hin erlebten – den Lauf des Jahres, des Menschenlebens, der Gestirne. Damit vertieften sie das tägliche Erleben der Menschen mit der Natur und in ihrer Arbeit ins Heilige hinein und gaben so dem Umgang mit Pflanzen und Tieren, mit Witterung und Erde einen größeren Sinn. Gerade Tiere waren im Seelenleben der Menschheit stets heilige Wesen, Boten einer anderen Welt und Wegweiser der Selbstfindung. Diese Tiersymbolik finden wir zwar noch in unseren Märchen, doch ist sie in der religiösen Kultur ganz an den Rand gedrängt worden. Das Christentum betonte in unvergleichlicher Weise die Größe und Sendung des Menschen – das ist sein Verdienst an der Menschheit, aber auch seine Schwäche.

Dabei geht es mir nicht so sehr um die Entheiligung, die vielzitierte »Entzauberung« der Natur in der intellektuellen Bewertung und im Dogma. Viel schwerwiegender als diese mentalen Schachzüge hat sich der weitgehende Ausschluß der Natur und des Körpers aus dem Kult ausgewirkt. Wir können die christlichen *Lehren* über die Schöpfung, über Frau und Mann, über die Körperlichkeit und was sonst heute alles versucht wird, beliebig reformieren. Solange der *Kult* sich nicht ändert, ist nichts gewonnen. Denn der Kult wirkt viel stärker auf unser Bewußtsein ein als irgendwelche Meinungen, Dogmen oder Diskussionen. Und der heutige Mangel an Kult ebenfalls.

Bei der anfangs beschriebenen Tagung hat mich nicht nur gefreut, daß die Göttin wieder in christlichen Zusammenhängen auftauchte, sondern auch daß Liturgie und Kult wieder ganz neue Formen annahmen. Der Körper wurde miteinbezogen durch Kreistänze und rituelle Gesten. Alle feierten die Gottesdienste gemeinsam und miteinander – in Kreisen, nicht als passive Empfänger eines von vorne (oben) vorgeführten Rituals. Die Natur, die Elemente wurden wieder zu Symbolen des Lebens und als geistige wie körperliche Kräfte wahrgenommen. Spontane schöpferische Einfälle von einzelnen hatten ihren Platz. Und die Zeremonien wurden nicht als starre Schablonen »durchgezogen«, sondern in ihren Einzelheiten besprochen – vorher und nachher – und so mit Leben, mit Sinn, mit Bildern, mit persönlichen Bezügen und Verständnis gefüllt.

Dieses Verhalten im kultischen Bereich wirkt modellhaft für unser sonstiges Verhalten. Wenn ich im Kult hierarchische Strukturen akzeptiere und mich Handlungen unterwerfe, die ich nicht beeinflussen kann und nicht genau verstehe, dann werde ich auch im gesellschaftlichen Leben dazu neigen. Insofern geht es mir nicht um rituelle Spielereien einer intellektuellen Randgruppe, sondern auch um das politische Potential, das darin steckt. Denn ich erfahre Kult und Gebet als die Zentren unseres geistigen Lebens.

Eine solche Erneuerung des christlichen Kultes ist auch ein wesentlicher Punkt in der Schöpfungsspiritualität, wie sie von den Theologinnen und Theologen um Matthew Fox vertreten wird. In den USA gibt es schon viele Ansätze dafür, eine kultische Ökumene auch über die konfessionellen Grenzen hinaus etwa mit indianischen Religionen zu schaffen und von daher das christliche Verständnis für natürliche Rhythmen im Kult zu bereichern. Es scheint ein enger Zusammenhang zwischen der Weiblichkeit Gottes, der Achtung vor dem Leben und der Natur auch im kultischen Zusammenhang und der religiösen Basisbewegung zu bestehen. Denn die Riten mit starker weiblicher Symbolik haben eine Neigung, die Natur und den Körper mehr miteinzubeziehen, und sind aufgrund ihrer Kreisgestalt antihierarchisch. Der ökologische und politische Ansatz quillt hier unmittelbar aus dem religiösen Erleben und ist untrennbar damit verbunden. Daraus ergibt sich der nicht nur mystische, sondern auch prophetische und aufrührerische Charakter dieser Bewegung. Darin sehe ich eine wesentliche Chance, die Aufsplitterung zu heilen, an der unsere Kultur so krankt. Deshalb ist meines Erachtens der oft geäußerte Verdacht, die neue spirituelle Bewegung würde sich aus der gesellschaftlichen Arbeit heraus in die Phantasie flüchten und die Ideale der sechziger Jahre verraten, absurd. Vielmehr halte ich solche Bewegungen für die einzige Möglichkeit, die Probleme an den Wurzeln anzufassen und Veränderung nicht nur plakativ zu fordern, sondern konsequent durchzuführen. Daß dies auch innerhalb des Christentums stattfindet, ist mir deshalb wichtig, weil nur so die Gesamtheit unserer kranken Kultur zu erreichen ist und weil wir im abendländischen Raum nicht hinter die geistigen Errungenschaften des Christentums zurückkönnen.

Viele Züge der sich entwickelnden »neuen« Spiritualität ähneln auffallend der sogenannten »Volksfrömmigkeit«, die vielfach herabgewürdigt und wie ein Christentum zweiter Klasse betrachtet wurde. An meinem früheren Wohnort im Rheinland hatte ich einige Gelegenheiten, diese Art der Frömmigkeit zu beobachten. So gab es wenige hundert Meter von unserem Haus auf freiem Feld unter ein paar Fichten eine kleine Heiligenkapelle für »Judas Thaddäus, großer Patron der sehr bedrängten und von aller Welt verlassenen Menschen«. Zu jeder Tages- und Jahreszeit brannten dort Kerzen, und die Wände hingen voll von Täfelchen (neueren Datums), auf denen dem Heiligen Dank gesagt wurde für diverse erfüllte Bitten: bestandene Prüfungen, überstandene Krankheiten und andere nicht benannte Verzweiflungen des Alltagslebens. Überall in den Wäldern der Umgebung standen Andachtsstätten der Muttergottes, die ebenfalls stets mit frischen Blumen geschmückt waren – oft mehrere Kilometer von den nächsten Häusern entfernt. Ich glaube, daß sich in der von aller Theologie unbeeinträchtigten Bevölkerung noch ein Gefühl dafür erhalten hat, wie eng das Schicksal der Menschen mit der Natur und anderen Wesen verbunden ist. Die direkte Verehrung von Naturwesenheiten ist natürlich inzwischen nicht mehr denkbar. Aber die Art der Heiligenverehrung und der Kreuze und Marienstatuen in Wäldern und Hainen läßt mühelos darauf schließen, wo die Ursprünge dieser Frömmigkeit liegen. Auch die im Katholizismus üblichen Prozessionen zu verschiedenen Anlässen haben noch die Farbigkeit und Fröhlichkeit der alten Naturfeste, und sie finden draußen statt. Selbst wenn sich dabei das hierarchische Modell durchgesetzt hat, können doch wenigstens alle gemeinsam sich dabei bewegen und einen heiligen Weg abschreiten. Ein weiteres Beispiel sind die in jüngster Zeit wieder aufblühenden Wallfahrten, die zeigen, daß die Erneuerung der Spiritualität auch in

Kreisen zu wirken beginnt, die denkbar wenig mit der New-Age-Szene zu tun haben. Bezeichnenderweise spielt auch in der Wallfahrtsfrömmigkeit die Gottesmutter die Hauptrolle.

In der westeuropäischen Volksfrömmigkeit des Mittelalters war die Verehrung des Heiligen Kelches (des Grales) eines der wichtigsten Motive. Anklänge an frühere Kulte sind darin deutlich; so drehen sich etwa viele Gralsgeschichten um die Insel Avalon, das Zentrum des keltischen Göttinnenkultes. Aber die Mystik des Kelches (der Eucharistie und des Kreuzblutes) als eines typisch weiblichen Symboles neben dem eher männlichen Kreuz war und wäre ein kraftvoller Kristallisationspunkt nichtpatriarchalen Christentums.

Leider scheint die auflebende Marienfrömmigkeit im Katholizismus eher ein Zeichen der stärker werdenden konservativen und reaktionären Kräfte zu sein, denn in der bisherigen Gestalt ist Maria nicht gerade ein Vorbild starker und freier Weiblichkeit. Und sicherlich wird gerade die beginnende Erneuerung des Christentums, besonders wenn sie den Kult mitbetrifft, massive Gegenreaktionen hervorrufen – so war es jedenfalls in ähnlichen Fällen immer. Aber mir scheint kein Weg an einer solchen Erneuerung vorbeizuführen, wenn das Christentum nicht erstarren und absterben will. Und diese Wandlung – Fox spricht sogar von einer Neugeburt, einer Renaissance des Christentums – wird im Zeichen der Weiblichkeit Gottes stehen.

Der Tod, die Auferstehung und das Leben

(Der sechsjährige Ascher fragt seinen Vater nach dem Tod, als er einen toten Vogel sieht:)
»Warum?« fragte ich.
»So hat der Ribbono schel Olom Seine Welt gemacht, Ascher.«
»Warum?«
»Damit das Leben kostbar sei, Ascher. Etwas, das man für immer hat, ist nicht kostbar.«

CHAIM POTOK[6]

In der Auseinandersetzung mit dem Christentum stoße ich unweigerlich auf das Thema Tod und Auferstehung, die zentralen Themen dieser Religion. Die übliche Deutung der Todes- und Auferstehungsgeschichten sagt mir wenig: Der Gottessohn soll gestorben und körperlich wiederauferstanden sein und dadurch die Menschheit erlöst haben – das klingt mir wie ein plumpes Mißverständnis eines tieferen Geheimnisses. Ich habe wiederum versucht, die christlichen Begriffe von Tod, Auferstehung, Sünde und Erlösung von meinem eigenen Erleben her zu verstehen. Und ich entdeckte, daß christliche Vorstellungen mir oft halfen, meine eigenen Gedanken zu Bildern zu formen.

Durch lange Zeiten seiner Geschichte hindurch ist das Christentum geradezu auf die Vertröstung und Drohung mit dem Jenseits fixiert gewesen, als sei unser Leben nur eine Vorbereitungszeit und Prüfung für das Danach. Der jenseitige Aspekt an der Religion hat mich aber nie angesprochen, weder interessiert noch geängstigt. Ich glaube nicht, daß das Ziel und der Sinn unseres Lebens irgendwo oder -wann anders liegt oder sich auf ein Paradies verschieben läßt. Ich halte Jenseitigkeit für ein Mißverständnis dessen, was Religionen uns sagen wollen, für eine Fluchtreaktion, die nicht nur fatale Folgen für das Leben mit der Natur und in der Gesellschaft hat. Sie steht auch in direktem Gegensatz zu der Frohen Botschaft, daß das »Reich Gottes« jetzt und hier und in uns ist.

Alfter, 27. 2. 1988.
In den kurzen, klaren Momenten, in denen ich deutlich erkenne, daß das Leben ein Geschenk ist – genauso liebevoll und genauso sinnlos –, atmet ganz tief in mir etwas erleichtert auf. All die Steine, die auf mein Herz geschichtet wurden, verlieren dann plötzlich ihre Schwere. Ein Geschenk! Ich muß es nicht verdienen, das Leben. Ich nicht, du nicht, wir sind alle einfach da. Das klingt so peinlich banal, daß ich mich frage, ob ich es überhaupt hinschreiben kann.

Ich kann mir gut vorstellen, daß diese Steine mit der grotesken Idee der Erbsünde zusammenhängen, die im Glauben daran liegt, daß wir uns für unser Leben rechtfertigen können und müssen (»Arbeitsethik« nennt sich das moderner). Und diesen verhängnisvollen Glauben haben die Menschen von Generation zu Generation weitergereicht. Erbsünde. Natürlich hatten alle Leute das Gefühl, sie müßten erlöst werden von einer solchen Last des Lebens. Dieses »Erlöstsein« wurde dann auf ein besseres Jenseits projiziert (oder moderner wiederum auf das entlastende irdische Paradies des Kommunismus oder des Sozialstaates). Und da kommt eines Tages ein arbeitsloser Palästinenser daher und versucht den Leuten einzureden, sie seien schon erlöst. Es geht hier nicht darum, sich das Paradies zu erdienen, sondern zu begreifen, daß wir es als Geschenk und nur als Geschenk bekommen. Wie die Blumen auf dem Felde . . . Kein Wunder, daß die »Pharisäer« und »Schriftgelehrten« bis zum heutigen Tage sehr verärgert darüber sind. Und auch kein Wunder, daß die Menchen, die diese ebenso simple wie überaus frohe Botschaft wirklich begriffen, restlos begeistert waren.

Da erübrigt sich der ganze intellektuelle und spirituelle Lei-

stungssport, dem wir verfallen sind. Wenn mir solche Gedanken kommen, setze ich mich am liebsten mitten auf eine Wiese, abseits von Philosophie und Theologie, und lasse mir eine ganz untheoretische Sonne auf den Bauch scheinen. Plötzlich bin ich nur lebendig und froh darüber, ganz ohne Sinn und Ziel. Dann weiß ich, daß es auf dieser Welt keine Lust und keine Qual gibt, keine Gemeinheit und keine Heiligkeit, die sich an diesem schlichten, nackten Lebendigsein im Angesicht einer liebevoll gleichmütigen Gottheit messen können.

Der Tod stellt mir nicht die Frage nach dem Sterben und dem Danach, sondern nach dem Leben in seiner Bedingtheit und Zerbrechlichkeit, seiner geheimnisvollen Schönheit und Einmaligkeit, die Frage nach dem grundlegenden, alles umfassenden Vertrauen. Mein geistiges Bemühen drehte sich immer wieder darum, in der Unmittelbarkeit des Lebens zu bleiben, ohne es mit Deutungen und Erwartungen zu befrachten. Die christliche Überlieferung ist mir wichtig geworden, weil die Geschichten von Jesus mir ein solches Leben des unbedingten Vertrauens zeigen, eines Vertrauens bis zum Tode und darüber hinaus. Die Geschichten erzählen von einem, der sein Leben nicht verschoben hat, von einem, der radikal und ganz lebte, der immer angesichts des Ewigen lebte und sich durch nichts davon abbringen ließ. Jesus ist in dieser Hinsicht ein religiöser Anti-Held, der nichts kontrolliert, sondern der dadurch die ganze Welt in sich vereint, daß er sie losläßt. Vertrauen drückt sich für mich nicht darin aus, daß ich auf das Paradies warte und mir Gedanken über das Jenseits mache, sondern indem ich vertrauensvoll (»gläubig«) anzunehmen versuche, was das Leben mir bringt, die Dinge um ihrer selbst willen tue, nicht im Hinblick auf Lohn oder Strafe. Dabei ist mir der Tod ein großer Lehrer.

Königsmünster, 9. 1. 1990
In seinem Buch »Die Nacht zu begraben, Elischa« spricht Elie Wiesel[7] viel über die Toten. Sie erscheinen ihm. Er spricht mit

ihnen; manchmal erschrecken sie ihn oder machen ihn nachdenklich. Sie sind ihm sehr wirklich, oft bedrohlich stark anwesend. Aber sie sind vergangen. Auch durch ihr leibhaftiges Erscheinen vermögen die Toten nicht aus der Vergangenheit herauszutreten. Selbst wenn die Toten uns jetzt, heute sehen können und uns kommentieren, so ist es doch stets unsere eigene Vergangenheit, die uns über die Schulter schaut und uns begleitet. Ob die Toten weiterleben, ob sie in uns oder für sich weiterleben, ist gar nicht die Frage. Das mag sein, wie es will, und geht nur die Toten selber an. Entscheidend ist für uns Lebende, daß die Toten der Vergangenheit angehören: »Laß die Toten ihre Toten begraben und folge du mir nach.«

Es geht nicht eigentlich um den Tod. Im Tode gipfelt alles und spitzt sich zu, was wir vom Leben erwarten. Wer Angst vor dem Tod hat, hat auch Angst vor dem Leben und umgekehrt. Sterben lernen heißt somit auch leben lernen. Wenn ich mich im »Leben« auf tiefe Wandlungen einlassen kann, schreckt mich auch die tiefe Wandlung des »Todes« nicht. Wenn ich im Leben anstrebe, alles immer möglichst weiterlaufen zu lassen, wie ich es kenne, stelle ich mir auch den Tod am liebsten als eine Verlängerung und Fortsetzung des »Lebens« vor. (Vervollkommnet finden wir den Kult der Vergangenheit bei den alten Ägyptern.)

Den Tod zu überwinden kann nicht heißen, als ein Wesen der Vergangenheit weiterzuexistieren, in Scheol, der »Welt der Schemen«, wie die Kabbala sie nennt. Der Tod wird überwunden, indem wir die Vergangenheit selbst überwinden und beginnen, in der Gegenwart zu leben. Das fällt zusammen mit der Überwindung der Bedingtheit. Allein der unbedingte Geist lebt, alles andere existiert nur.

Den Geist der Unbedingtheit nennen wir Christus, der uns als Mensch Jesus ein Beispiel unbedingten Lebens gab. Daher sprechen wir von seiner Auferstehung. Als Mensch gestorben, ist er dennoch kein Wesen der Vergangenheit. Das meint der platte Spruch: »Jesus lebt.« Und es ist entscheidend, daß jener Geist des Unbedingten sich vollständig personalisiert und inkarniert hat – und sei es auch nur in der Legende. Aber was wäre unsere Geschichte mehr als eine Legende: das zu Lesende, bestehend aus den Buchenstäben, die unser Schicksal zu jedem Augenblick neu auswerfen.

Für mich überschreitet die Auferstehung sowohl das, was wir für das Leben, als auch das, was wir für den Tod halten. Die Auferstehung sagt mir, daß in unserem Sterben – im täglichen Loslassen und Leiden wie auch im körperlichen Tod – eine Möglichkeit liegt, alles zu überschreiten, was wir uns vorstellen können. Aber damit habe ich nur einen Bruchteil dessen verstanden, was in diesem Mysterium liegt, das wir im Tode und der Auferstehung des Messias symbolisieren und das uns den Weg zum Überschreiten weist. Was tun wir? Wir feiern den Wegweiser, anstatt zu gehen, wohin er uns weist. Der Wegweiser ist tot und steht in der Vergangenheit, als ein endgültiges Mahnmal. Christus aber kann nur jene begleiten, die gehen. Wenn ich stehenbleibe, entziehe ich mich der Gnade der bedingungslosen Liebe, denn ich lege mir selbst Begrenzungen auf. Als ein Wesen der Vergangenheit aber bin ich schon tot, wenn mein Körper auch noch atmet. Nachfolge kann also nur im Suchen bestehen. Finden tötet. (»Triffst du Buddha unterwegs, so töte ihn.« »Laß die Toten ihre Toten begraben.«)

Manchmal kommt es aber durchaus auf den Tod an, manchmal zeigt er uns nicht das Gesicht des Lehrers, sondern tritt aus dem metaphorischen Dasein heraus in unser Leben und fordert Opfer. Die Gewißheit eines Menschen, in absehbarer Zeit an Krankheit sterben zu müssen, oder der Tod eines Angehörigen rüttelt auf ganz andere, unabweisbare Art an den Lebensentwürfen der Betroffenen. Diesem Gesicht des Todes bin ich in der Sterbebegleitung und -vorbereitung begegnet. Im Rahmen der Arbeit des Elisabeth-Hospizes in Lohmar durfte ich – eher am Rande – an der Betreuung von Schwerkranken teilnehmen. So lernte ich Resi kennen. Resi war eine Frau mittleren Alters, mit zwei jugendlichen Kindern und einer glücklichen Familie. Sie wußte, daß sie schwer an Krebs erkrankt war und nur wenige Monate zu leben haben würde. Sibylle, die sich hauptsächlich für die Hausbetreuungen engagierte, fuhr regelmäßig zu ihr, um sich mit ihr zu unterhalten und bei ihr und ihrer Familie zu sein. Manchmal fuhr ich mit.

Alfter, 12. 5. 1990.
Heute vormittag war ich wieder mit Sibylle bei Resi. Wir haben viel über das Sterben und unsere jeweiligen Vorstellungen vom Tode gesprochen. Auch in diesem Zusammensein hat Sibylle wieder eine Atmosphäre ermöglicht, in der Resi und alle anderen Beteiligten offen über den Tod, ihre Angst, ihren Schmerz sprechen können. Schon beim vorigen Mal hatte es mich sehr beeindruckt, wie fest Resi in ihrer katholischen Überlieferung und Vorstellungswelt verwurzelt ist und wie stark diese lebendigen religiösen Wurzeln sie auch angesichts ihres nahen Todes tragen. Resi hat die feste Überzeugung, daß ihr Leben nicht mit dem Tod des Körpers endet. Aber sie erwartet, daß mit dem Übergang in einen nichtkörperlichen Seinszustand das Persönliche dieses Lebens stark zurücktritt und daß wir mehr »Mensch« werden, daß wir Gott und der Einheit näherkommen. Während manche glauben, daß wir nach dem Tode jeweils weiter Sibylle, Resi oder Jörg bleiben, legt Resi ihr Vertrauen darein, daß das Sibylle-, Jörg- oder Resihafte an uns zurücktritt und das Menschliche ganz in den Vordergrund kommt, daß wir uns über alle Unterschiede hinweg viel näher kommen, als wir es uns jetzt vorstellen können. Sie hat mir damit eine schöne Vorstellung für den traditionellen Ausdruck »Einswerden in Christus« vermittelt. Denn als Christus bezeichnen wir doch unser Bild des Menschlichen an sich, jenes tieferen Wesens in uns, das uns die Einheit miteinander und mit der Quelle ermöglicht und öffnet. Es hat mich mit großer Freude erfüllt zu erleben, wieviel Kraft und Glück dieser Gedanke Resi geben konnte, die weiß, daß ihre Tage knapp gezählt sind. Mit dieser Haltung in den Tod zu gehen setzt die Bereitschaft zu wirklichem Wandel voraus, zu einem Loslassen von all dem, was uns bis dahin ausgemacht hat. Resi scheint diese Bereitschaft zu haben – wenigstens hin und wieder. Und in der Offenheit für den großen Wandel wird es unwichtig, irgendwelche Einzelheiten über das »Jenseits« zu erfahren.

Dieses große Vertrauen, um das ich immer wieder ringe, ist also kein bloßes Ideal, sondern kann auch in einer extremen Situation tragen. Bemerkenswert finde ich, diesen Glauben bei einer überzeugten und im Grunde recht orthodoxen Christin zu finden. Welche Schwächen das heutige Christentum auch haben mag, so lebendig kann es immer noch sein, daß es die wichtigste Aufgabe erfüllt, die einer Religion zukommt: das Urvertrauen zum Leben (und Tod) zu vermitteln.

Nun wäre es aber eine unzulässige Idealisierung, das Christentum als Vermittlerin religiösen Urvertrauens hinzustellen. Es gibt durchaus konkrete christliche Jenseitsvorstellungen, die allgemein verbreitet und typisch sind: die Vorstellung von Himmel, Fegefeuer und Hölle, von Rettung und Verdammnis. Diese Bilder lassen sich aus der Überlieferung nicht streichen, und ihre Ideengeschichte ist keine erfreuliche. Unzählige Generationen sind damit bedroht und geknechtet worden, haben ihre seelische Freiheit daran verloren, haben sich ihr irdisches Glück für Fiktionen eines Jenseits nehmen lassen, sind dafür in Krieg und Tod gegangen. Alle Modernität hat diese Vorstellungen nicht beseitigen können, denn die Wirklichkeiten und die Ängste, die sich darin ausdrückten, sind nicht zusammen mit den Begriffen verschwunden. Sie schlummern weiter im Untergrund unserer Seelen und kommen zum Vorschein, sobald das Schicksal uns aus unserem Alltagstrott reißt. Und doch wohnt diesen Bildern ein Reichtum inne, der alle Verzerrungen und allen Mißbrauch überstanden hat und der immer neue Interpretationen ermöglicht und fordert.

Bonn, 17. 9. 1990.
Als ich heute vormittag bei Resi war, sprachen wir wieder über Vorstellungen vom Tod. Das beschäftigt Resi natürlich sehr, weil es das nahe Ziel ihrer Reise ist. Dabei sah ich mich dann einem ganz anderen Bild gegenüber, das ja auch Teil ihrer Tradition ist: dem Fegefeuer. Wenn man mit so einem Bild groß geworden ist – auch wenn es nicht betont wurde –, bedrückt das na-

türlich vor dem eigenen Tode. Sibylle (auch katholisch aufgewachsen) und Resi sagten, sie könnten damit so gar nichts Rechtes anfangen, und lehnten das Bild ab. Mir geht das anders – vielleicht auch, weil ich nicht katholisch und nicht mit solchen bedrohlichen Vorstellungen großgeworden oder gar erzogen worden bin. Ich kann mit dem Fegefeuer sogar sehr viele positive Vorstellungen verbinden. Es erinnert mich zunächst an das Gefühl der brennenden Sehnsucht, die manchmal in mir aufkeimt, wenn ich ganz still in mir bin und mich dem Leben, Gott sehr nahe fühle. Je näher ich meiner Quelle komme, um so deutlicher wird mir, daß ich nicht einfach so hineintauchen kann, sondern daß dem die ganze Vielfalt meines Geistes entgegensteht, die »Jörg« heißt. Je näher ich der Quelle in der Stille komme, um so größer wird die Sehnsucht nach diesem Eintauchen, und ich gerate in eine unüberwindliche Spannung, die mir brennend deutlich macht, daß mein bewußtes Ich von der Einheit, vom Leben, von Gott abgesondert ist (»sündig«).

Da ich noch nicht gestorben bin, kann ich es mir nur vorstellen, wie dieser Zustand sein mag, in dem ich keinen Körper mehr habe, der mich nach einer Weile wieder ablenkt und in den Alltag zurückruft. Ich kann mir gut vorstellen, daß diese Sehnsucht wächst, bis meine ganze Seele in Flammen steht. Die Flammen der Sehnsucht verzehren nicht nur, sondern beglücken auch, weil sie uns das Ersehnte auf geheimnisvolle Weise sehr nahe scheinen lassen. Ich stelle mir das »Fegefeuer« als einen sehr glücklichen Zustand vor. Eine unendliche, lodernde Vorfreude auf das Licht. Eine Flamme, die das Festklammern, die Sonderung vom reinen Leben, die »Sünde« in mir verzehrt. So müßte dieses Auflodern vor der Heimkehr in den Ursprung das höchste brennende Glück sein, das unser Ichbewußtsein überhaupt erfahren kann. Denn mit der Flamme der Sehnsucht verlischt es beim Eintauchen in die eine Quelle.

Wie schrieb Hans Kals in seinem Büchlein über das Sterben als letzten Satz: »Vielleicht ist unser Sterben die größte und schönste Überraschung, die ein gütiger Gott seinen Geschöpfen bereitet hat.«[8] Er weiß es inzwischen. Und es ist schön, daß auch Resi in dieser Hoffnung und mit dieser Kraft gehen wird, wenn es für sie so weit ist. (Im Januar 1991 ist sie so gegangen.)

Eng verbunden mit Tod und Fegefeuer ist auch die sehr problematische Sündenvorstellung, die bis heute im Sinne persönlicher Verfehlungen gedeutet wird. Durch diese Fehlinterpretation, deren Motive für den aufgeklärten Menschen so leicht zu durchschauen sind, ist mir lange entgangen, daß sich darin eine sehr wichtige Einsicht in unser Menschsein verbirgt. Es ging mir oft durch den Kopf, was es positiv heißen könnte: In der Sünde zu leben.

Darin steckt mehr als eine überholte moralische Kategorie. Sünde hat von vornherein nichts Moralisches an sich, sondern ist eine Weise des Daseins. Ich bin sündig oder nicht; Sünde *tut* man nicht. Sünde hat wohl mehr mit der Wahrnehmung zu tun und mit der Reinheit des Willens. Die Erkenntnis, daß mein Seelenzustand genau dem entspricht, was die Tradition als »in Sünde leben« bezeichnet, hat mich erschreckt. Ich lebe ganz und gar nicht aus einem Vertrauen auf Gott, auf das Leben – und das ist nicht natürlich so, sondern ein Mangelzustand; das könnte anders sein.

Wie das wohl wäre: in ständigem Kontakt mit der Quelle, mit dem Leben, mit der Welt zu leben? Und was für eine Gottheit das wohl wäre? Sicherlich keine abstrakte. Mit einer Abstraktion kann ich nicht leben – und aus ihr schon gar nicht.

Noch ein anderes Gespräch drehte sich letzte Woche um dieses Thema. Ich sprach mit Gisela, einer Bekannten von mir, über verschiedene religiöse Fragen. Ihr macht bei der christlichen Erlösung der Opfergedanke arg zu schaffen. Sie fragt sich immer wieder, ob es nicht ungerecht und grausam ist, daß da ein Wesen geopfert werden muß, der »Sohn Gottes« zudem, um die Menschen von ihren Sünden zu befreien. Wenn sie sich Gott als einen Richter vorstellt, der ein unschuldiges Opfer verlangt, um den wirklichen Tätern zu vergeben, dann ist das allerdings ein grausamer Gott, ein dämonischer Willkürherrscher. Dann wäre »Er-

lösung« nichts als ein schlimmer Handel. Es ist immer wieder das gleiche Problem, das entsteht, sobald ich mir Gott als einen persönlichen Wollenden vorstelle, der Vorlieben hat und Forderungen stellt. Ganz anders sieht die Sache aus, wenn ich Gott als den Geist und das Leben des Universums ansehe, auf das unser Wollen und Handeln bezogen ist. Unsere »Sünde« hat nichts mit persönlichen Verfehlungen zu tun, sondern bezeichnet unseren Daseinszustand, in dem wir mit unserem Ichbewußtsein von der Welt abgesondert sind und unsere Eigeninteressen verfolgen können. Diesen von der Welt getrennten Zustand übernehmen wir mit unserem Menschsein als »Erb«sünde. Sie erlischt, wenn wir wieder mit der Quelle, mit dem Geist des Ganzen, dem Leben eins geworden sind. Dieses Einswerden, in dem wir für das Ganze und aus dem Ganzen leben, verlangt von uns aber das Opfer unserer Absonderung, unseres Eigenseins (wobei natürlich auch »gut« sein ein Eigeninteresse ist). Christus ist für mich insofern Erlöser, als er uns darin vorangegangen ist. Er hat dieses Opfer freiwillig, ganz bewußt und bedingungslos gebracht – »weil er die Welt so sehr geliebt hat«, wie es so schön heißt. Und weil Christus in unserer Überlieferung das Urbild unseres innersten Menschseins ist, gilt dieses Opfer als Muster für uns alle, die es in der »Nachfolge« mitvollziehen können, das heißt, wir sind dadurch alle im Prinzip erlöst. Wer diesen Schritt nicht vollziehen will, wer nicht den von Christus vorgezeichneten radikalen Weg der Hingabe an die Welt und an Gott (die Mystiker würden es als Einswerdung bezeichnen) gehen will, bleibt natürlich in der Absonderung seines Bewußtseins, in der »Sünde«. Erlösung ist ja kein Zwang, sondern ein Angebot. Die »Verdammung«, die in der Sprache der Bibel immer so brutal und unbarmherzig klingt, ist in diesem Verständnis keine Strafe irgendeines rachsüchtigen Gottes, sondern einfach die Folge des abgelehnten Angebotes zur Erlösung, eine Entscheidung, die wir in unserer Freiheit selbst treffen können, nämlich zu bleiben, wie wir sind.

Die Schwierigkeit, die ich immer wieder habe, Begriffe wie Sünde, Verdammung, Fegefeuer und Erlösung sinnvoll zu verstehen, ohne mich nur darüber zu ärgern, beruht auf ihrer furchtbaren Moralinlastigkeit. Doch werden auf diese entstellende Weise menschliche Erfahrungen weitergegeben, die sich auch ganz ohne moralischen Zeigefinger vermitteln lassen. So drängt sich mir ein Bild aus dem »Tibetanischen Totenbuch« als eine Verstehenshilfe für Tod und Erlösung auf, das sich durchaus in christlichen Begriffen verstehen läßt.

Das Totenbuch beziehungsweise das Buch über die »BARDÖ«-zustände, die nachtodlichen Zwischenzustände, beschreibt jeden einzelnen Schritt des nachtodlichen Erlebens als ein gesetzmäßiges Geschehen, auf das der oder die Tote zu reagieren hat und das schließlich nach vielen geistigen Begegnungen mit Engeln und Dämonen in einer erneuten Verkörperung endet. Aber bei jedem Schritt entsteht einen winzigen Augenblick lang die Möglichkeit, direkt ins Licht zu gehen und den weiteren gesetzmäßigen Ablauf zu unterbrechen. Es wird sozusagen in jeder Stufe der Entwicklung erneut gestorben, das Bewußtsein verliert immer weiter an Klarheit, bis es schließlich wieder ganz im irdischen Ablauf versinkt. Durch alles hindurch zieht sich aber ein Schimmer des großen Lichtes, das der Tote erreichen kann, wenn er will, das heißt, wenn er sein Bewußtsein von den anderen, bunten und faszinierenden Zuständen abwenden und beim Licht bleiben kann.

Ich will einmal von allen Unterschieden absehen, die sich mühelos finden lassen, und dieses Bild auf unser Verständnis hin deuten: Wir haben in jedem Sterben – sei es im täglichen Leiden und Verlust oder im und nach dem Tode – die Chance, uns von der bunten Faszination der äußeren oder inneren Bilder abzuwenden und auf Christus (das Licht) zuzugehen. Damit unterbrechen wir das alte Gesetz, indem wir es erfüllen (wie Jesus forderte), und auferstehen, indem wir sterben. Wollen wir aber »reich« bleiben und unsere Bilder und Faszinationen an der Welt unserer Projektionen behalten, so können wir ebensowenig auferstehen (alles uns Vorstellbare auf »Gott« hin überschreiten), wie ein Kamel durch ein Nadelöhr paßt. Das heißt, dann bleibt unser Geist, unser Bewußtsein in den Gesetzen der Welt gefangen (das macht Jesus in vielen Gleichnissen deutlich). Ob ich zu diesen Gesetzen nun das Gesetz von Reinkarnation und Karma zähle wie die Tibeter oder nicht, spielt dabei keine Rolle. Reinkarnation und Auferstehung schließen sich überhaupt nicht aus, wie viele Theologen meinen. Sie gehören ganz verschiedenen Kategorien der Weltbeschreibung an. Reinkarnation spielt sich innerhalb der normalen Gesetze der Welt ab, Auferstehung (wie auch die »Befreiung« im östlichen Sinne) gehört dem Bereich der Gnade an und verweist auf die Chance, uns mit dem zu verbinden, was jenseits der Gesetze liegt, mit ihrer Quelle.

Mit dieser Darstellung ist das »Tibetanische Totenbuch« zu einem der meistgelesenen asiatischen Texte in Europa geworden und hat viele Menschen angesprochen, denen die christlichen Todesvorstellungen unzeitgemäß erschienen. Dabei fehlt es der abendländischen Überlieferung meines Erachtens nicht an Bildern und Erfahrungen. Sie müßten nur auf eine Weise gedeutet und neugestaltet werden, die uns heute wieder anspricht. Aber wer könnte es innerhalb der heutigen kirchlichen Theologie wagen, sich ernsthaft mit Anweisungen für das Verhalten in nachtodlichen Zuständen zu beschäftigen? Allzuschnell ist die europäische Theologie auf einen wissenschaftsgläubigen und psychologisch orientierten Kurs eingeschwenkt und hat den ganzen Reichtum der spirituellen Erfahrungen aus unserer Überlieferung aufgegeben. Wieviel wir Europäer in dieser Hinsicht zu lernen haben, können wir daran ermessen, wie ehrfürchtig und zugleich sachlich klar und differenziert etwa die Tibeter mit dem Tod und den Zuständen danach umgehen.

Unter dem materialistischen Druck, der im Westen nicht nur die Wissenschaften, sondern auch Philosophie und Theologie ergriff, entstand hier als Gegenbewegung der Spiritismus. Zwar hat diese Form bei weitem nicht die Klarheit und Differenziertheit etwa des tibetischen Buddhismus erreicht, aber für viele Menschen ist sie die einzige Zuflucht, wenn der Tod ihnen mehr genommen hat, als sie verkraften können.

Während mehrerer Jahre habe ich immer wieder für verschiedene englische Medien gedolmetscht, öffentliche Veranstaltungen, Seminare und persönliche Beratungen, und habe auf diese Weise einen gründlichen Einblick in die Welt des Spiritismus (die englische weltanschaulich-religiöse Bewegung des SPIRITUALISM, im Gegensatz zur Praxis des Geisterbeschwörens) gewinnen können und viel über diese besondere Art gelernt, sich den Tod und die Toten vorzustellen. Vor allem traf ich dabei natürlich auf Menschen, die von den christlichen Vorstellungen und Deutungen des Todes enttäuscht oder befremdet waren. Weil ihnen das, was sie von ihrer Kirche gehört hatten, nichtssagend oder unbefriedigend erschien, suchten sie unter dem Druck persönlicher Notlagen nach anderen religiösen Hilfestellungen.

Nach spiritistischer Auffassung geht das Leben nach dem Tod des Körpers sehr ähnlich weiter, in einer Art feinstofflichem Körper, der nicht krank werden und nicht sterben kann. Dem Medium kommt die Rolle zu, zwischen unserer Welt und der jenseitigen Geisterwelt zu vermitteln. Gutausgebildete Medien verfügen über beachtliche hellsichtige Fähigkeiten und können im allgemeinen mühelos beschreiben, wie bestimmte Verstorbene ausgesehen haben, was typisch für sie war, woran sie starben und so weiter. Außerdem vermitteln sie den Fragenden Botschaften von diesen verstorbenen Freunden und Verwandten, die sich auf die gemeinsame Lebenszeit, Erinnerungen oder gegenwärtige Probleme der Lebenden beziehen. Durch die Genauigkeit und Nachprüfbarkeit der hellsichtigen Aussagen erhält natürlich auch die Interpretation derselben, das spiritistische Weltbild, eine ungeheure Plausibilität, obwohl das eine mit dem anderen nicht unbedingt etwas zu tun hat.

Bei Resi hatte ich meine Überzeugung bestätigt gefunden, daß es nicht das »Wissen« von Einzelheiten über den Zustand nach dem Tod ist, das uns am Ende Vertrauen oder Kraft bringt. Wenn wir dieses Große Vertrauen, das Gottvertrauen haben, brauchen wir keine Jenseitsberichte. Dann wissen wir, daß alles gut werden wird. Haben wir dieses Vertrauen aber nicht, so lernte ich bei meinen Kontakten mit dem Spiritismus, dann können »Beweise« für den möglichen Kontakt mit Verstorbenen uns wenigstens zeitweilig beruhigen und trösten. Vermutlich sind beide Sichtweisen für bestimmte menschliche Bedürfnisse nötig. Denn auch den konkreten Umgang mit den Toten oder Ahnengeistern gibt es schon, seit es Menschen gibt. Immer wieder konnte ich erleben, wie tröstlich es auf Menschen wirkt, die dem Phänomen Tod ratlos oder verzweifelt gegenüberstehen, sich das Jenseits als eine kontinuierliche Fortsetzung des Diesseits vorzustellen, einen Ort, an dem sie mit ihren Lieben wieder zusammensein können – aber ohne die Sorgen und Krankheiten, die dieses Leben geprägt hatten. Dabei ist es wesentlich, daß sich diese Vorstellung durch nachprüfbare Hellsicht plausibel machen läßt – »beweisen«, wie meist irrtümlich gesagt wird. Wenn auch viele Ratsuchende immer neue »Beweise« brauchen und durch die »Kontakte« nur zeitweilig Ruhe finden, haben die Medien selbst durchaus festes Vertrauen in die Kontinuität des Lebens und können diese in Gesprächen überzeugend und helfend, oft sogar heilend vermitteln. Dieser stillere Teil ihrer Arbeit ist viel wichtiger als die spektakulären hellsichtigen Fähigkeiten. Wenn die spiritistischen Beratungen auch kein religiös begründetes Vertrauen ersetzen können, so können sie doch für viele Menschen in einer materialistisch gesinnten Welt einen ersten Schritt darstellen, sich neu mit dem Tod und einer geistigen Dimension ihres Lebens auseinanderzusetzen. Aber vor allem scheint mir ein wichtiger Grund für die große und wachsende Anziehungskraft des Spiritismus zu sein, daß die Medien »sehen« können und daß sie praktisch und sehr mitfühlend helfen, daß sie die einzelnen Ratsuchenden so nehmen, wie sie sind, und ihnen helfen, ohne sie von einer Weltanschauung überzeugen zu wollen.

Wenn ich dagegen einen Pfarrer höre, der mir unter dem Beifall einiger Kollegen sagt, es interessiere ihn überhaupt nicht, ob mit solchen Methoden Menschen geholfen werden könne (es gehe ihm vielmehr ums theologische Prinzip), dann verstehe ich gut, warum viele Christen sich in seelischer Not lieber an spiritistische Medien wenden. (Und fast alle Personen, die mir im Umkreis des Spiritismus begegneten, sind Christen.) Obwohl ich auch ein paar offene und nachdenkliche Gesprächspartner traf, mußte ich oft erleben, daß diese Haltung von kirchlichen Vertretern typisch ist. Und das ist sehr schade, denn statt ratsuchende Menschen mit unnötigen und ängstlichen Abgrenzungen vor den Kopf zu stoßen, gäbe es in diesem Bereich für die Kirchen und die praktische Theologie enorm viel zu lernen. Eine ganze Dimension menschlicher Erfahrung bleibt hier theologisch unbeachtet. Und auch für den spiritistischen Ansatz ist es schade, denn er hat als Subkultur, die seit eineinhalb Jahrhunderten ständig unter Rechtfertigungszwang steht, keine vernünftige Deutung seiner mannigfaltigen Erfahrungen und Fähigkeiten aufbauen können.

Wenn ich auch nicht überzeugt davon bin, daß sich durch mediale Kontakte gültige Aussagen über die Toten selbst machen lassen, so steht doch fest, daß Medien zu Bewußtseinsbereichen Zugang haben, die uns normalerweise unzugänglich sind, und daß sich dieser Zugang erlernen läßt. Hier gibt es also eine Fülle an Kenntnissen, Fähigkeiten und Einsichten in den wichtigsten Grenzbereich des menschlichen Lebens zu erwerben oder wiederzugewinnen, die noch lange nichts mit dem letzten religiösen Geheimnis zu tun haben. Andere Kulturen haben davon gewußt und konnten sachkundig damit umgehen, wie unter anderem das tibetische Beispiel zeigt. Zwar war der Tod in den Jahrhunderten vor der Aufklärung auch bei uns nicht tabuisiert, aber von ungeheuren Ängsten und Höllendrohungen belastet, von denen wir jetzt frei werden könnten. Doch müssen wir den Tod wieder in die Mitte unseres persönlichen und gemeinschaftlichen Lebens lassen. Jetzt hätten wir die Chance, zu einer wirklichen Kultur des Sterbens und der Auferstehung zu finden, von der unser ganzes Leben befruchtet werden kann – genau darum bemüht sich die Hospizbewegung. Und hier läge auch die Chance der Kirchen, auf das Lebens- und Todesverständnis der christlichen Überlieferungen hinzuweisen, die so viel reichhaltiger sind als die rein spiritistischen Ansätze. Aber dieses christliche Verständnis müßte *praktisch* vermittelt werden und von dem großen Vertrauen getragen sein, das sich nicht in klugen Worten, sondern nur im Mitleben und Mitsterben ausdrücken läßt.

Der ganze Mensch

In ihm wurde alles geschaffen, im Himmel und auf Erden, das Sichtbare und das Unsichtbare.

KOLOSSER 1,16

Jesus sagte: Wenn ihr hervorbringt, was in euch ist, wird euch retten, was ihr hervorbringt. Wenn ihr aber nicht hervorbringt, was in euch ist, wird euch zerstören, was ihr nicht hervorbringt.

EVANGELIUM DER WAHRHEIT 16,31–18,34

Nach mehr als zehn Jahren hauptsächlicher Beschäftigung mit Esoterik, mit Gnosis und Heidentum waren für mich am Christentum zunächst die Aspekte reizvoll, die möglichst wenig esoterisch waren, die religiösen und theologischen Grundfragen. Mag sein, daß einige meinen Gedankengängen anmerken, daß ich meine geistige Herkunft nie ganz verleugnen kann und das auch nicht vorhabe. Für mich ging es in der bisher geschilderten Auseinandersetzung aber darum, eine neue geistige Mitte zu entdekken und ihre spirituellen Möglichkeiten näher kennenzulernen. Nach der Veröffentlichung meines Esoterik-Buches[9] wurde ich aber gerade von kirchlichen Veranstaltern oft eingeladen, um über das Verhältnis von Esoterik und Christentum zu sprechen. So kam ich dazu, mein altes und mein neues Thema zu verbinden und mir Gedanken darüber zu machen, was es mit dem auffallenden Mangel an esoterischem Verständnis in heutigen kirchlichen Kreisen auf sich hat.

Als Titel wird immer wieder »Esoterik als Aspekt des Christentums?« auf die Programme gesetzt. Als wäre das eine Frage. Natürlich hat die christliche Religion, wie jede andere auch, immer schon esoterische Aspekte gehabt. Das Fragezeichen kann sich nur darauf beziehen, ob die heutigen Theologen diese Verbindung mögen oder nicht. Und da haben die katholischen deutlich weniger Berührungsängste als die evangelischen, denen das Erfahrungselement und das Kultische in der Tat fast fehlt. (Ihren Jakob Böhme, J.V. Andreae und andere einflußreiche protestantische Esoteriker vergessen sie dabei ganz gern.)

Es ist doch schade, wie sehr die Theologen sich dabei gegenüber der offensichtlichen Entwicklung der Religiosität und Weltanschauung ins Hintertreffen bringen und heute schon ihre Blamage von morgen programmieren. Vielleicht können Sie sich noch an die Kampagnen gegen die »Jugendsekten« und in diesem Zuge gegen die von ihnen verbreitete Praxis des Meditierens erinnern, die vor gut fünfzehn Jahren stattfanden. Es wurde gewarnt, daß Meditieren psychotisch oder abhängig machen könne, und gefragt, ob »Christen« so etwas mitmachen könnten, ob man sich damit nicht asiatische Religionen durch die Hintertür hereinholte und so weiter. Heute gibt es kein klösterliches Bildungsprogramm mehr ohne Meditation, und es wird so getan, als wäre Meditation immer schon wesentlicher Teil christlicher Glaubenspraxis gewesen. Zuvor war es die Psychologie und besonders die Psychoanalyse, die von den Kirchen als Gegner *des* Christentums bekämpft wurde und es inzwischen übernommen hat, den Pfarrern seelsorgerliche Sachkenntnis beizubringen – wie peinlich. Noch hundert Jahre früher wurde die Evolutionslehre bekämpft und davor das naturwissenschaftliche Weltbild insgesamt. Und noch früher, im Mittelalter, war eine breitere Bildung überhaupt schon als unchristlich verpönt. Das gewaltsam verdummte Volk durfte nicht einmal die Bibel lesen. (Meister Eckhart wurde unter anderem deshalb verdammt, weil er »die Bauern verwirrte«, indem er ihnen nicht in unverständlichem Latein, sondern auf deutsch predigte.) Die Bildung und der Gebrauch des eigenen Verstandes setzten sich ebenso gegen den Widerstand der Kirchen durch wie Evolutionslehre, Naturwissenschaft, Psychologie und Meditation. Eine tragikomische Serie verlorener theologischer Scheingefechte.

Auch heute ist schon klar, daß in zwanzig Jahren die theologischen Argumente gegen die Esoterik ebenso vergessen sein werden wie jene gegen die Meditation oder die Psychologie. Aber was geht dabei an Kraft und Gemeinschaft verloren! Warum können die europäischen Kirchen nicht an vorderster Front der weltanschaulichen und politischen Auseinandersetzungen stehen, wie sie es etwa in Lateinamerika tun? Statt dessen beschäftigen sie sich schmollend fast nur mit internen Problemen und dem Erhalt ihrer Macht. Insgesamt kommt mir das so vor, als wolle ein ausgedörrter Boden jeden befruchtenden Regenschauer als wesensfremd abweisen und bekämpfen, statt ihn dankbar aufzusaugen und neue Frucht in sich keimen zu lassen. Die Kirchen Europas sind senil und steril geworden, fühlen sich vom Leben und seinem Wandel bedroht. Aber an uns liegt es doch, ob wir weltfremde Männer für uns sprechen lassen, als verstünden sie mehr vom religiösen Leben, nur weil sie Theologie studiert haben und in irgendwelchen kirchlichen Verwaltungen sitzen, oder ob wir uns selbst religiös äußern.

In den Tagungen zu derartigen Themen wird meist so diskutiert, als gälte es, *das* Christentum und *die* Esoterik gegenüberzustellen. Auch das ist eine alte Krankheit kirchlicher Theologen, daß sie dazu neigen, Vertretern abweichender christlicher Auffassungen und Deutungen gleich die Christlichkeit abzusprechen und selbst für *das* Christentum zu sprechen, als hätte es jemals einen einheitlichen christlichen Glauben gegeben. Das fing im Streit mit den gnostischen, den arianischen, pelagianischen und anderen Christen an und setzt sich in der heutigen esoterischen Szene fort, in der sich ein großer Teil der Leute als christlich versteht, wie ich schätze, ohne Schwierigkeiten mit den esoterischen Ansichten zu haben. Viele haben sogar erst auf dem Wege über esoterische Deutungen einen Weg zu ihrer christlichen Überlieferung gefunden. Wie viele Menschen kann etwa Eugen Drewermann für das Christentum neu begeistern, dessen Ansatz insofern esoterisch ist, als er Symbolik und religiöse Erfahrung sehr betont.

Unter Esoterik verstehe ich den methodischen Umgang mit der nichtrationalen Seite des Menschen, mit seiner intuitiven, schöpferischen, visionären, magischen Kraft. Dabei gelten nicht nur die Gesetze der Logik, sondern auch die der Bild- und Sinnbezüge, der Analogie. Mittel dazu sind die Arbeit am eigenen Bewußtsein (in Phantasie, Meditation, Trance, Traum, Ritual) und der vertiefte und systematische Einsatz von Symbolik. Es handelt sich dabei also um eine Erkenntnisform, die mehr Wert auf Vernunft als auf den bloßen Verstand legt und die zu Weisheit statt zu bloßem Wissen führen will. Das ist gar nicht exotisch zu verstehen, sondern ganz in dem Sinne, in dem Karl Rahner (vor Jahren schon) eine neue Mystagogie forderte[10] oder in dem Dorothee Sölle Christinnen und Christen dazu aufforderte, sich stärker auf die Hinreise zum Glauben einzulassen[11]. Den Mangel an all dem spüren heute viele und sehnen sich nach einem Christentum, das sie auch in diesen Bereichen nicht allein läßt. Die Meditationswelle hat vielen Menschen eine Menge seelischer Erfahrungen gebracht, die verarbeitet werden wollen. Mir begegnet dabei immer öfter die Frage, in welchem Verhältnis denn solche geistigen Erlebnisse zu unserer Tradition stünden. Die Zeit der bloß individuellen Selbsterfahrung ist vorbei. Die Menschen wollen wissen, wie sie das Erlebte und die neuentdeckten Lebensbereiche in Zusammenhang zu den ihnen bekannten Formen, Bildern und Überlieferungen und zur Gesellschaft bringen können. Die verschiedenen esoterischen Überlieferungen verfügen über sehr genaues Wissen und über erprobte Symbolik der menschlichen Innenwelten, die solches Erleben auch kommunizierbar machen könnten. Würde dieses Wissen aufgearbeitet, so könnte Seel-Sorge über die psychosoziale Beratung oder moralische Aufmunterung hinaus wieder zu einer kundigen Begleitung auf dem geistigen Weg und durch die Fährnisse unserer Innenwelten werden. Vor allem auf den Umgang mit dem Kult könnte sich ein solches Verständnis sehr befruchtend auswirken. Jeder Kult benutzt ja esoterische Sprache und wird sinnlos, wenn sie von niemandem mehr verstanden wird. (Als Teilnehmer kann ich mich natürlich auch ohne ein ausdrückliches Wissen um die Symbole von diesen beeindrucken lassen; aber zumindest jene, die den Kult durchführen oder gar verändern, sollten etwas von der heiligen Sprache verstehen.) Es gilt doch als selbstverständlich, daß Christen etwas über die Bibel und die Heilsgeschichte lernen müssen, um mit Verständnis Christen sein zu können. Genauso selbstverständlich könnte es werden, daß Christen etwas über die Grundlagen religiöser Erfahrung und über die tiefere Bedeutung der in den Gottesdiensten benutzten Symbole lernen. Daß sie nicht nur wissen, wie sie in der Bibel lesen und Gebete formulieren können, sondern auch wie sie sich der Stille öffnen, auf »Gott« horchen können, oder wie sie eine Andacht rituell gestalten können, wie sie den Jahreslauf der Feste sinnvoll neu beleben können und manches andere.

Mir hat es beim mühsamen Kennenlernen des Christentums sehr geholfen, daß ich diese Grundlagen – aus anderen Quellen – hatte, daß ich etwa wußte, wie ich mein Bewußtsein absichtlich für ein zunächst befremdliches Ritual öffnen kann, daß ich mir neue Symbole meditativ erschließen kann, daß ich auch einfach eine Menge über Rituale und Symbole wußte, was sich leicht auf deren christliche Version anwenden ließ. Ohne all das wäre es mir vermutlich nie gelungen, ein Verhältnis zu dieser Religion zu finden. Und ich kann mir vorstellen, daß auch viele andere Menschen trotz großen Interesses diese Schwierigkeiten nicht überwinden können und sich lieber an religiöse Formen halten, deren Bedeutung ihnen nahegebracht werden kann. Denn das religiöse Leben, das Gebet, die Andacht, die Liturgie, gestaltet sich ungleich intensiver und reicher, wenn ich gelernt habe, mein Bewußtsein angemessen darauf einzustellen. Wenn ich nicht gelernt habe, meine Stimme zu erheben und zu modulieren, werde ich nie singen, sondern nur sprechen können. Wenn ich nicht gelernt habe, mein Bewußtsein zu erheben oder zu modulieren, werden meine Gedanken und Gefühle in Gebet und Ritus sich von denen des Alltags kaum unterscheiden.

Es ist ja gar nicht so, daß das »Geheimnis des Glaubens« schon gleich an der Kirchentür oder beim Händefalten beginnt. Es gibt so vieles, was lernbar und erklärbar ist. Ein großer Teil der menschlichen Erfahrungen, die wir als »religiöse Erfahrung« klassifizieren, ist keineswegs mysteriös, zufällig oder eine reine Gnadengabe. Vieles ist erlernbar und relativ leicht verstehbar, sofern wir uns sachlich damit beschäftigen. Wir sind in der Lage, unser Bewußtsein absichtlich und kontrolliert in andere Zustände zu versetzen, und erleben in solchen Zuständen die Welt anders als in unserem sehr eingeschränkten Alltagsbewußtsein. Zigtausende von Menschen haben solche Erfahrungen oft gemacht und sind natürlich nicht mehr mit einer Kirche zufrieden, die so tut, als sei das alles entweder göttliche Eingebung, Teufelszeug oder »bloß psychologisch«.

Außergewöhnliche oder übersinnliche Erfahrungen haben immer ihren Platz im Rahmen der Religion gehabt. Sie gehören nicht ins Zentrum, aber sie gehören dazu. Göttliches oder Transzendentes zeigt sich in den unsichtbaren Seiten der Welt nicht mehr und nicht weniger als in den sichtbaren. Der Kontakt mit Geistern ist zwar nicht heiliger als der Kontakt mit Menschen oder Tieren. Aber wenn ich nicht weiß, wie das Erleben von Visionen ist und welche sonderbaren Wesenheiten und Kräfte es auf der seelischen Ebene gibt, dann unterliege ich leicht der Versuchung, alles außergewöhnliche Erleben gleich der höchsten Ebene, der Gottheit, zuzuschreiben. So kann ein Mangel an esoterischer Sachkenntnis auch leicht zu einer Inflation des Heiligen führen. Übersinnliches läßt sich von Transzendentem nämlich nicht am Schreibtisch unterscheiden, sondern nur in der eigenen Erfahrung oder im Austausch mit Menschen, die ähnliche Erfahrungen haben. Entgegen verbreiteter Meinung läßt sich über geistig-seelische Erfahrungen sehr gut reden, vorausgesetzt die Beteiligten verfügen über die dazugehörigen Erfahrungen und benutzen nicht nur religiös oder esoterisch klingende Vokabeln. Die Erfahrungsbereiche, die nicht mehr mitteilbar sind, erweisen sich von selbst als solche und sind hier nicht das Thema.

Natürlich können all die esoterischen Zugänge ebensogut bloße Ablenkung vom Eigentlichen sein, das immer einfach ist und bleibt. Das ist mir einmal besonders schön in der Geschichte vom Zöllner Zachäus zum Bild geworden. Der meinte, den Christus am besten sehen zu können, wenn er der Menschenmenge vorausläuft und sich hoch in einen Baum setzt. Jesus ging hin und rief ihn herab, damit er in sein Haus einkehren könne. Die Gottesbegegnung findet manchmal ganz schlicht auf ebener Erde statt, und wer neugierig in die Äste der höheren Welten (ein Bild aus der jüdischen Kabbala) gestiegen ist, muß erst wieder heruntergeholt werden. – Ich glaube, wir brauchen beide Aspekte, weil in uns Menschen auch das Bestreben angelegt ist, mehr zu erkennen.

Das einfache, demütige Gottvertrauen ist die letzte Reifestufe des religiösen Menschen. Wir können nicht einfach dahin springen, sondern müssen uns vorher als erkennende Wesen verwirklichen, sonst werden wir zu frommen Heuchlern oder bleiben autoritätshörig.

Die christliche Botschaft und Überlieferung ist in der herkömmlichen kirchlichen Theologie und Praxis fast ausschließlich rational und begrifflich oder moralisch interpretiert worden. Die Heilsgeschichte und -geschichten sind als moralische Belehrungen verstanden oder in abstrakte begriffliche Theologie übersetzt worden. Es ist jedoch möglich und für die vollständige Gestalt einer Religion auch nötig, sie auf anderen Ebenen beziehungsweise mit Hilfe anderer Ebenen zu deuten und zu verstehen. Dabei wird kein anderes Christentum konstruiert, sondern es wird nur die eine Botschaft auf andere Verständnisebenen ausgeweitet, und zwar auf die Ebene der Bewußtseinserfahrung und die Ebene der kosmischen Symbolik.

Als mein Freund Thomas sich mit dem Plan herumschlug, Mönch zu werden, hatten wir viele lange Gespräche darüber, ob und unter welchen Bedingungen das sinnvoll sei. Während dieser und der darauf folgenden Zeit, als er schon Mönch war und ich ihn besuchte, sann ich oft darüber nach, was der Sinn der drei Gelübde der Nonnen und Mönche (die »Evangelischen Räte«) sein könne: Armut, Keuschheit, Gehorsam. Auch wenn sich heute kaum noch jemand nach ihnen richtet – man denke nur an den Reichtum der Klöster –, hatten sie doch einmal die geistige Grundlage des abendländischen Mönch- und Nonnentums gebildet. Diese Regelungen konnten doch nicht nur dazu ersonnen sein, die natürlichen Bedürfnisse von Menschen sinnlos zu knechten und Charaktere zu zerbrechen, auch wenn sie dazu sicher allzuoft tragisch mißbraucht worden sind. Es mußte doch etwas Wesentliches und Fruchtbares dahinterstecken. Ich erinnere mich auch an Gespräche mit dem Novizenmeister Marian, der sich sehr unzufrieden über die heutige Handhabung und mangelnde Verwirklichung der Gelübde äußerte. Er sei selbst auf der Suche nach einer zeitgemäßen Art, diese alten Formen mit neuem Leben zu füllen, denn im alten Verständnis seien sie heute nicht mehr praktizierbar. Vor nicht allzu langer Zeit, nachdem ich schon lange nicht darüber nachgedacht hatte, kam mir eine Idee, die mir einiges verdeutlichte und sinnvoll werden ließ: Ich löste mich davon, die Gelübde als moralische Regelungen zu verstehen, sondern sah sie als Leitlinien zur Bewußtseinsarbeit. So ergibt es sich, daß die drei Räte – Armut, Keuschheit, Gehorsam – sich auf die drei unteren Energiezentren des menschlichen Seelenorganismus beziehen, wie sie in verschiedenen esoterischen Lehren bekannt sind – in Indien etwa als »Chakren«. Das Wurzelzentrum vertritt unseren Selbsterhaltungstrieb und unsere Existenzangst, darauf bezieht sich »Armut«. Das Sexualzentrum vertritt unsere Sexualität und die Verlustangst, darauf bezieht sich »Keuschheit«. Das Nabelzentrum vertritt unsere Aggression und Minderwertigkeitsangst, darauf bezieht sich »Gehorsam«. Die drei Räte raten zu Übungen darin, diese Ängste der göttlichen Geborgenheit zu überantworten, und verwandeln die Kräfte der unteren Zentren in Gelassenheit, Erotik und Verantwortung. Aus Gründen, die ich noch nicht durchschaue, ist im mittelalterlichen Europa eine geistige Situation entstanden, aus der heraus alle religiösen Bilder und Übungen nur noch moralisch zu verstehen waren – mit den bekannten Folgen. Doch könnten wir mit diesem alten Ansatz heute eine Menge anfangen, wenn wir ihn auf die genannte Art neu verstehen als eine Konfrontation mit unseren Grundängsten und deren Verwandlung in schöpferische Kräfte. Daraus ergeben sich auch andere Übungsmöglichkeiten als die bloß aufgezwungene (und meist nicht durchgehaltene, Schuldgefühle nach sich ziehende) Enthaltsamkeit. Ähnliche Überlegungen lassen sich für die Faszination anstellen, die die meisten christlichen Heiligen bezüglich des Leidens hatten. Diese Sehnsucht nach Leiden, die häufig in sehr merkwürdige Selbstquälereien ausartete, läßt sich aus heutiger Sicht nur als krankhafter Masochismus verstehen. Es sei denn, wir setzen dahinter eine über das normale Bewußtsein hinausgehende Einsicht voraus, daß Leiden und Schmerzen als Mittel dienen können, die blinde Identifikation der Seele mit dem Körper zu lösen. Das absichtliche Leiden wäre dann eine Übung im Loslassen, im Sterben, um eines vertieften, wacheren Lebens willen.

Ich kann aus mangelnder Sachkenntnis nicht beurteilen, ob die Heiligen selbst solche Zusammenhänge gekannt haben, oder ob sie tatsächlich nur den seltsamen asketischen Idealen ihrer Zeit folgten und alles Körperliche für minderwertig hielten.

Soweit zu den Deutungen auf der Ebene der Bewußtseinserfahrung. Auch in der anderen genannten Richtung, der kosmischen Symbolik, gibt es Aspekte der Überlieferung, die sich am besten auf dieser Ebene deuten lassen. Wie die meisten Kulturen hat auch die christliche früher die Mächte der Natur und des Kosmos in menschenähnlichen Bildern, in den Gestalten von Engeln, Feen, Zwergen, Dämonen und so weiter gedacht und geschaut. Wir haben diese »Anthropomorphismen« – wie wir die nach dem Menschen gestalteten Bilder heute nennen – beseitigt, »entmythologisiert« und sind stolz auf diese moderne Leistung. Und weil wir dadurch alles wesenlos gemacht haben, bleibt von den Zielen des Menschen nur noch die Sucht nach Macht und Bequemlichkeit. Der Fehler lag in der Annahme, wir könnten die menschliche Gestalt für uns selbst aufsparen, während wir die Natur, die Welt »objektiv« sehen. Die Grundhaltung der Wahrnehmung läßt sich aber nicht aufspalten – außer im Gedankenexperiment. Als die Welt, die Natur und die Götter ihr menschliches Antlitz verloren, verlor es auch der Mensch. Auf diese Weise hat sich etwas entscheidend geändert: Früher lauerten die Dämonen in der Natur, dort behaupteten sich die Helden und Heldinnen, von dort – von »draußen« – wurde die kleine menschliche Gemeinschaft bedroht. Wir sehen das gut in den Märchen gespiegelt: Der Wald ist dort nicht der gemütliche Ort, in dem man Picknick macht, sondern Quelle und Bereich der Bedrohung. Die menschliche Gemeinschaft bot Schutz und Geborgenheit. Ging etwas schief, wurde die Ursache dafür bei dämonischen Naturmächten oder Geistern gesucht. Heute ist der Wald gemütlich, ohne Dämonen, ohne wilde Tiere – ein recht romantisches Plätzchen. Wir halten uns dort ungeschützt auf, zur Erholung. Erholen aber müssen wir uns vom Zusammensein mit anderen Menschen, von der Arbeit in der Gesellschaft. Die Gesellschaft ist der Wohnort der Dämonen geworden. Die überwältigende Bedrohung unserer Existenz kommt nicht mehr von »draußen«, sie geht vom Menschen aus, von uns selbst. Natur und Gesellschaft haben ihre Rollen vertauscht, drinnen und draußen haben die Plätze gewechselt, die Geister sind »Psyche« und »Strukturen« geworden. So haben wir uns unmerklich, aber mit unübersehbaren Folgen, selbst dämonisiert. Jetzt fehlen die Heldinnen und Helden, die, ohne Persönlichkeit und Charakter (Waffen und Rüstung im Märchen) zu verlieren, sich gegen die gesellschaftlichen Dämonen zur Wehr setzen können, um sie für eine Weile zu bannen.

Die Frage ist, welche Wahrnehmung und Haltung der Welt gegenüber letztlich die weisere ist. Hat es sich für die kirchliche Theologie tatsächlich gelohnt, sich so weit auf die Entmythologisierung und die Wissenschaftsgläubigkeit einzulassen? Hat sie nicht gerade das dabei verloren, was Hunderttausende heute in anderen Religionen suchen? In Gesprächen mit Kirchenvertretern höre ich immer wieder: Ja, natürlich wisse man es, daß die Kirche einiges versäumt und manches zu lernen habe, daß sie wieder näher zu den Menschen kommen müsse und so weiter. Kürzlich explodierte eine Seminarteilnehmerin bei einer solchen Aussage und rief, so etwas würde sie immer und immer wieder schon seit Jahren hören; sie warte nun darauf, daß auch konkrete Vorschläge zu Veränderungen gemacht und diese durchgeführt würden. Sie fühle sich als engagierte Christin immer frustrierter und von der Kirche an der Nase herumgeführt und überlege, ob sie sich nicht auch lieber woanders umtun solle. – Es ist in der Tat leicht zu erkennen, was in der Kirche fehlt und was sich ändern müßte. Die Frage ist nur, ob ein ernsthaftes Interesse an Veränderungen besteht.

Der Mangel auf den genannten Ebenen der kosmischen Symbolik und der Bewußtseinserfahrung fällt mir deswegen so deutlich auf, weil gerade diese beiden Bereiche mir am vertrautesten sind. Historisch sind diese Blickrichtungen im Abendland vertreten worden durch die Gnosis und das Heidentum, die beide auch in den Jahrhunderten der kirchlichen Monopolstellung als versteckte Unterströmung weiterexistierten und die esoterischen Elemente der abendländischen Kultur lebendig hielten. Heute kommen sie teils zu neuer Blüte und treiben auch teils nur seltsame Blüten.

Beide Blickrichtungen also haben mich lange Zeiten meines Lebens hindurch sehr geprägt und bereichert: Die Gnosis blickt in die geistigen, die übersinnlichen Welten und erlebt dort Göttliches, fern vom Körper; das Heidentum blickt in die natürlichen, kosmischen Welten, ins Sinnliche und erlebt das Göttliche dort, im Leiblichen, Irdischen verwurzelt.

Beide Richtungen sind auf ihre Weise großartig, aber auch einseitig: Die Gnosis vergißt, daß wir Menschen Kinder der Erde und Sinnenwesen sind, daß unsere Aufgabe und Verwirklichung hier liegt, daß wir nur *mit* der Natur und allen Wesen erlöst werden können; das Heidentum vergißt, daß wir Menschen nicht nur Wesen der Erde sind und daß uns schon von jeher eine tiefe Sehnsucht nach einer ganz anderen, geistigen Heimat plagt. Diese beiden Seiten bauen eine ungeheure Spannung auf, in der ich mal zum einen, mal zum anderen Pol rutschte. Dann erkannte ich, daß beide Seiten die verdrängten Pole einer gemeinsamen Mitte sind: des Menschen. Diese Spannung ist es, die unser Menschsein ausmacht – aufgespannt zwischen oben und unten. Und die Religion, die dieses Bild des Menschen offenbart, die den Menschen in seiner ganzen sinnlichen und geistigen Fülle in die Mitte rückt, ist das Christentum. Ecce Homo! heißt nicht: Seht, da ist der Mensch!, sondern »Seht! *Der* Mensch!« – Der kosmische Logos in Gestalt eines Fressers und Säufers, eines Ausgestoßenen, Gefolterten. Das ist die Religion des Menschen, die offenbar uns Abendländern zur Aufgabe gegeben ist und um die unser Schicksal seit zweitausend Jahren kreist. Die schon vorher existierenden gnostischen und heidnischen Kulte wurden nun an den Rand gedrängt und gerieten in die beschriebene Polarität. Das kirchliche Christentum hat stets mehr dem gnostischen Pol zugeneigt, hat sein Anliegen aber nie richtig verstanden und hat die Leib- und Naturfeindlichkeit ausschließlich moralisch ausgelegt und ausgelebt, zu unser aller Schaden.

Auch wenn ich zu der Überzeugung gekommen bin, daß das Christentum die Mitte der abendländischen Religion bildet, so kann eine Mitte doch nur eine Mitte von etwas sein. Versucht die Mitte ihren Umkreis, ihre Pole zu vernichten, so fällt sie selbst ins Leere. Gerade weil es diese zentrale Rolle spielen muß, fällt dem

Christentum die Rolle zu, die ganze ungeheure Spannung auszuhalten, die das Menschsein ausmacht. Will das Christentum seinem universalen Anspruch gerecht werden, so müßte es seine beiden Seitenpfeiler, den gnostischen und den heidnischen, als wesentliche Stützen erkennen und schätzen. Ich erinnere noch einmal an die ganz anders verlaufene Ausbreitung des Buddhismus in Asien. Der Buddhismus hat die verwurzelten Religionen und Kulte nicht vernichtet, sondern bekehrt, das heißt integriert, ohne ihre je eigenen Werte zu zerstören. Er hat vielen anderen religiösen Formen eine neue Mitte gegeben.

Das hat das Christentum auch mir gegeben: eine neue Mitte, in der der Mensch, der/die Gesalbte, steht als ein göttliches und natürliches Wesen. Aber ich weiß auch, daß ich meine beiden Blickrichtungen beibehalten kann, um so mehr, da ich nun von ihrer gemeinsamen Mitte her zu schauen versuche.

Und aus meinen Erfahrungen der letzten Jahre weiß ich, daß ich nicht allein in diese Richtungen schaue. Die von Matthew Fox ausgehende Bewegung der Schöpfungsspiritualität beispielsweise bringt den kosmischen, natürlichen, sinnlichen Aspekt stark in die Theologie und die kultische Praxis herein. Dieser Aspekt ist sicherlich der stärker verdrängte gewesen und hat die Neubelebung nötiger, weshalb es nicht tragisch ist, daß der gnostische, der Bewußtseinsaspekt, bei Fox zu kurz kommt. Es war für mich sehr erfrischend, bei Fox zu lesen[4], daß sich eine ganze Tradition durch die christliche Geschichte zieht, die mehr oder weniger deutlich immer diese Seite vertreten hat. Am anderen Flügel betont die immer populärer werdende, an C. G. Jung orientierte tiefenpsychologische Religionsdeutung stark den gnostischen Blickwinkel auf die Innenwelten. Vor allem die feministische Theologie greift heute beide Strömungen auf, glücklicherweise – trotz seiner oft abstoßenden Leibfeindlichkeit – auch den gnostischen (etwa bei Christa Mulack[12]). So könnte in dieser theologischen Richtung die Chance liegen, wieder den alten christlichen Universalismus (ohne den leider oft damit verbrüderten Imperialismus) wiederzufinden. Eine Religion für den ganzen Menschen.

Leben in Fülle?

Jesus ist nicht gekommen, die Menschen fromm zu machen, sondern die Frommen menschlich. VERFASSER UNBEKANNT

Ihr sollt das Leben haben, Leben in Fülle.
JOHANNES 10,10

Meine Begegnung mit dem Christentum hatte begonnen, als ich in seiner Geschichte auf die Quelle des Bebens stieß, das unsere ganze Kultur erschüttert und umgestaltet hat. Ich ließ mich davon ergreifen und lernte es erst widerstrebend, dann immer betroffener als die geistige Mitte kennen, um die sich auch mein Leben bewegt. Ich verstand, daß all die Geschichten, die sich darum rankten, von einem geheimnisvollen Ereignis ausgingen: Der göttliche Grund der Welt hatte ein menschliches Angesicht offenbart, durch das dem Menschen seine göttliche Natur auf neue Art bewußt und greifbar geworden war. Das »Reich Gottes«, die Lebensquelle, ist mitten in unser konkretes, sinnliches Menschsein eingebrochen. Aber was heißt das? Wie und wo setzt sich die Welle der Inkarnation (die »Nachfolge«) in unserem Leben, in unserer christlich-nachchristlichen Kultur fort? Es ist eine Binsenweisheit, daß sich Christsein nicht darin erschöpft, ein »guter Mensch« zu sein. Aber unerbittlich knüpft sich an diese Banalität die Frage, was denn heute sonst das Christentum auszeichnet. Der sonntägliche Kirchgang doch wohl kaum. Und nachdem nicht nur der Atheismus, sondern auch etliche andere Religionen in den christlichen Horizont getreten sind, stellt sich diese Frage um so schärfer. Es kann ja wohl auch nicht der Kern der christlichen Botschaft sein, daß seine Anhängerinnen und Anhänger von einem Sündenbewußtsein erlöst werden, das in anderen Religionen gar nicht besteht. Dazu kommt mir auch der Ausspruch Nietzsches in den Sinn, daß ihm die Christen erlöster aussehen müßten, um ihn von ihrer Botschaft überzeugen zu können. Im wesentlichen ist jedoch das Gegenteil der Fall. Was ich bisher gefunden habe, war – bis auf beeindruckende Einzelpersönlichkeiten – zumeist enttäuschend.

Assisi, 1. 9. 1990.
Mir stellt sich immer deutlicher die Frage, was »Christsein« eigentlich bedeuten soll, nicht im theologischen, sondern im ganz praktischen Sinne. Sie stellt sich hier in Assisi besonders, wo Annelie und mir die verschiedensten Facetten christlicher Frömmigkeit nebeneinander begegnen. Wohl weil ich vorher nicht darüber nachgedacht hatte, wie Assisi denn sein könnte, bin ich erschrocken und tief traurig über das, was ich finde: all den Pomp und den zur Schau gestellten Reichtum, den pseudoreligiösen Kleister über allem. Man begreift sehr schnell, wovon Franz sich damals so vehement abgewendet hat. Und nun hat es ihn posthum wieder eingeholt. Der Widerspruch ist so schrill und so erschütternd, daß ich laut, laut schreien könnte. Ist es nicht der blanke Hohn, Zynismus oder Wahnsinn, den armen Franz, ausgerechnet den schlichten Bettler aus Leidenschaft, in einer gigantischen Kathedrale zu verehren? Lieber wäre ihm, man würde ihn direkter verspotten und anspeien. Sein Geist ist wohl ausgewandert und hält sich zur Zeit in Brasilien oder sonstwo auf, wo es noch Menschen gibt, die ihn verstehen könnten. Seine Gebeine können sich nicht wehren.

Das können weder Jesus noch Franz von den Menschen gewollt haben – so *etwas doch nicht. Was auch immer Franz gewollt haben mag, wofür er auch lebte, so doch sicher nicht dafür, daß nach achthundert Jahren Gruppen von blassen, angepaßten Jugendlichen dasitzen und Lieder über oder an den lieben Bruder Franz singen. Ja, sie wirken auf mich blaß – und zwar auf typische Weise blaß: christliche Blässe des Geistes sozusagen. Selbst ihr Frohsinn wirkt so: brav, kraftlos – wie streng erzogene Kinder, die für ihr Liebsein vom Papi ein paar Stunden »Ausge-*

lassensein« genehmigt bekommen haben. Und Jesus? Der ist doch nicht für 2000 Jahre Frömmelei gestorben. Aber wofür dann? Was sind heute die Fragen, auf die Franz oder Jesus klare Antworten geben? Was kann Christsein mir oder anderen mehr bedeuten als eine kulturelle Zufälligkeit, die im Prinzip auch ganz anders sein und doch dieselbe »psycho-soziale Funktion« erfüllen könnte? Ich erwarte mehr von der Religion als die rituelle oder moralische Verbrämung eines ansonsten schamlos bürgerlichen Lebens. Vor dem Abgrund, dem Anspruch, der Schönheit, dem Schmerz, vor der ganzen Wucht dieser Welt kann ich alles mögliche tun: nur nicht bürgerlich leben.

Wenn ich von Jesus eine Botschaft verstehe, eine Forderung, dann die: nicht als »Anhänger« oder »Verehrer«, sondern als freier Mensch zu leben, der radikal seinen eigenen Weg geht. Dieser ungeheure Anspruch an unser Menschsein und diese ungeheure Chance, die im Christentum stecken, machen mich ganz schwindelig: Was kann das konkret für uns heißen? Was ist heute: radikal menschlich und göttlich leben? »Heilig« sein? Schon die Fragen zeigen, daß ich auf dem falschen Weg bin. Ich kann nicht radikal leben wollen*; dann verwirkliche ich immer noch Maßstäbe, die außerhalb meines Tuns liegen, ahme nach. Auch ich stecke in den Widersprüchen, die diesen Ort prägen.*

Was auch immer ich von Assisi halte: Es rüttelt mich auf.

Ausgerechnet in Assisi lernten wir den franziskanischen Pater Alois kennen, der gerade das ausstrahlte, was uns dort sonst so gefehlt hat: Lebendigkeit, Ehrlichkeit und Wärme. Und vor allem zeigte er eine unmittelbare, erdverbundene Freude am Leben. Er hatte nichts Klerikales an sich und war dennoch oder deshalb von ganzem Herzen und unübersehbar Priester, einer der wenigen, den ich als solchen akzeptieren konnte. Wir wanderten mit ihm und vier jungen Leuten eines Nachts auf den Monte Subasio oberhalb von Assisi, um dort bei Sonnenaufgang die Messe zu feiern. An diese Messe erinnere ich mich gern, denn sie war einfach und gemeinschaftlich. Wir saßen auf der Wiese im Kreis und teilten Brot und Wein. Da war es sogar selbstverständlich, daß nur einer die Priesterrolle übernehmen konnte. Alois tat es auf eine Weise, die uns anderen nicht das übliche Gefühl gab, passive Empfänger zu sein; er blieb einer von uns. Ich erlebte ihn später auch als Priester in einer normalen Kölner Gemeindekirche. Und auch dort behielt er diese beeindruckende Schlichtheit und Klarheit. Er konnte in der Predigt sehr radikale und provokative Thesen aufstellen, ohne dabei aggressiv zu klingen, so als würde er Selbstverständliches sagen. Vielleicht ist es so, daß er als Christ Radikales selbstverständlich findet. – Ich freue mich, einen Priester wie Alois kennengelernt zu haben, der meine Hoffnung auf ein lebendiges Christentum bestärkt.

Von solchen Ausnahmen abgesehen, beschäftigt es mich immer von neuem, was mir bei den Begegnungen mit der kirchlichen Welt den faden Geschmack hinterläßt, der nichts mit den einzelnen Kritikpunkten zu tun hat, nicht mit einzelnen Personen, sondern in der Atmosphäre liegt. Erst auf dem Kirchentag 1991 habe ich es begriffen: Was mir fehlt, ist Erotik, leidenschaftliche Lebenslust. Es fiel mir deshalb auf, weil mich so vieles andere am Kirchentag sehr positiv ansprach. Es gab unzählige Initiativen zu sozialen und ökologischen Problemen, mit deren Zielen ich mich völlig identifizieren konnte. Die Atmosphäre war offen und freundlich, tolerant und engagiert. Dennoch fühlte ich mich fremd und unausgefüllt, bekam nicht das Gefühl, hier mitmachen zu wollen, obwohl mich doch die gleichen Anliegen bewegen und ich sie in anderen Gruppierungen vertrete. So sachlich richtig alles war, so sinnvoll und gut gemeint, so wenig Lebensfreude empfand ich darin. Ich wünschte mir das religiöse Leben und den politischen Einsatz saftiger, sprudelnder, origineller, schöpferischer, lustvoller, humorvoller, wilder, sinnlicher – kurz: erotischer. Diese Religion ist ein Musterbeispiel für das, was Freud als »Über-Ich« bezeichnet hat, mit allem, was daran wichtig und vernünftig ist, aber auch mit allem Mangel, aller Einseitigkeit. Und vor allem: die Über-Ich-Funktion kann nur reagieren, sie ist nie schöpferisch. Neues, Schöpferisches entsteht nur aus der Erotik – im engeren und weiteren Sinne. Den alle Lebenslust erdrückenden moralischen Anspruch der Kirchen spüre ich auch noch dort, wo es sich nicht um die klassischen Moralthemen, sondern um ökologische und soziale Belange handelt, für die ich mich sonst selber einsetze.

Ich wünsche mir aber eine Religion, die ständig Quelle des Wandels ist, die sich zum Anwalt der Fruchtbarkeit, der Wildheit und sprudelnden Kraft des Lebens und des Geistes macht. Eine Religion, die kraftvoll, saftig und erotisch ist. Eine Religion, die der profanen Kultur und ihren Veränderungen nicht ständig hinterherhinkt und bremst, sondern aus der wieder die großen wandelnden Impulse hervorgehen. Eine Religion, die nicht auf seiten der engen bürgerlichen Normen steht und verbissen ihr kleiner werdendes moralisches Territorium verteidigt, sondern die sich wieder auf das Wehen der RUACH, der »Geistin«, und das Erbeben der Sinne einläßt. Eine Religion, die sich nicht aus Existenzangst und Sündenbewußtsein, sondern aus dem Vertrauen in Gott und der Lust am Leben speist. Diese Religion finde ich bei Jesus, der sich radikal und vehement gegen die bürgerliche Trägheit wendet und für ein Leben voller Vertrauen plädiert. Wo es heißt: »Dein Glaube hat dir geholfen«, ist keine brave Gläubigkeit gemeint, sondern es ist ein radikales, abgrundtiefes Vertrauen, das die Menschen heilt. Und auch Franz, dessen gespenstisch verbürgerlichtes Zerrbild heute in Assisi umgeht, und seine Freundinnen und Freunde fanden ihre Befreiung darin, daß sie sich von allen Konventionen lösten und nur im Vertrauen auf die Gute Botschaft lebten, daß das »Reich Gottes« unter uns sei und daß der Geist des Lebens für uns sorge wie für die Blumen und die Vögel.

Vielleicht könnte eine solche Religion, ein solches Christentum unserer kranken Gesellschaft noch Heilung bringen. Das halte ich für eine der vordringlichsten Aufgaben. Lange Zeit war ich davon überzeugt, daß der Einsatz der reichen Europäer den Menschen in den von uns unterdrückten Ländern und der Natur gelten müsse, daß wir verzichten und uns einschränken müßten, um anderen mehr zu geben. Aber darin steckt wieder die gleiche reglementierende Moral des »Über-Ich«, die uns unsere kulturelle Krankheit gebracht hat. Ein Gedicht von Helder Camara stieß mich vom Sockel des Helfers und überzeugte mich davon, daß es so nicht geht, krempelte in wenigen Minuten meine gesamte Auffassung davon um, wo und wie soziales Engagement notwendig ist. Nachdem Camara um Segen und Barmherzigkeit für die vielen Armen, Leidenden und Unterdrückten der Welt gebetet hat, folgt die Bitte:

»In Deiner unendlichen Barmherzigkeit umhülle
die Ärmsten der Armen – die reichen Armen,
die die Schatten der Macht umarmen und
durch das Leben gehen
im Glauben, intensiv zu leben,
ohne tatsächlich zu leben.«[13]

Alfter, 29. 1. 1990.
Alle reden und schreiben davon, daß wir in einer Überflußgesellschaft leben – materiell. Auf der anderen Seite fehle aber der Sinn, »Sinndefizit«. Angeblich sind wir so sehr mit dem Materiellen beschäftigt, daß wir uns um das übrige nicht kümmern können. Für diese Sicht spricht einiges. Nur läßt sich schwer dagegen angehen; denn die Lösung wäre dann: freiwilliger Verzicht. Wer täte das? Müssen wir es nicht anders herum sehen: Wir häufen materiellen Überfluß an und geraten in den suchterzeugenden Sog des Konsums, weil wir in einer Mangelgesellschaft leben, weil es uns am Notwendigsten mangelt, an dem, was die Not wenden könnte. Dorothee Sölle spricht vom »Tod am Brot allein«[14].

Wir sind es: die Ärmsten der Armen, die, denen das Wesentliche fehlt, die alles haben, nur das nicht, worauf es ankommt. Die sich deshalb mit Macht und teuren Dingen, mit technischen Sicherheiten schützen müssen. Wir leben länger heute und hier – doch leben wir mehr? Leben wir überhaupt? Geht es darum, daß wir verzichten? Worauf sollen Menschen noch verzichten, die ohnehin nur von Surrogaten leben müssen? Die Armen. Ich lebe mein Leben als einer von den Ärmsten der Welt, den ganz Armen, den Armen am Herzen, gehöre zu denen, die ihre Seele verkauft haben. Einst schon. – Sucht, Konsumgier, Haß und Gewalt folgen daraus bloß zwangsläufig.

Wie immer gibt es keine Lösung. Denn die Lösung heißt: Liebe. Liebe gibt *es nicht, ebensowenig wie es Gott* gibt. *Jenseits der Machbarkeit. Und unser System ist perfekt: Niemand wird uns helfen kommen, weil wir dafür gesorgt haben, daß alle, die es könnten, damit beschäftigt sind, um ihr eigenes, körperliches Überleben zu ringen. Also müssen wir uns selbst helfen. Und da die Lösung Liebe heißt, geht es genau da los: bei der Liebe. Ob ich sie wirklich lieben kann, die Aussätzigen unserer Tage, die Aussätzigen an der Seele? Ob ich mich selbst so lieben kann? Was kann denen gegeben werden, die meinen, sie hätten schon alles?*

Es ist doch eine materialistische Blickverengung zu meinen, wir hätten zuviel. Niemand kann je zuviel haben. Wer je genug hat, begnügt sich. Die Menschen leben in üppigem Luxus. Doch fehlt es ihnen an allem, ihn zu genießen. Das sind doch keine Genießer-Gesichter, die mich in diesen Straßen und in diesem Spiegel anschauen: Das sind Leidende, Sterbende, Tote.

Und ich habe immer nur auf das Äußere geschaut! Verblendet vom Schein. Doch bin ich ja auch nur einer von ihnen, denen es am Wesentlichen, ja am Wesen mangelt. Da wir unsere Seele verkauft haben, können wir uns die Liebe nur schenken lassen und hoffen, daß uns dabei aus den Resten, den versprengten Samenkörnern, eine Seele gedeiht. ». . . aber sprich nur ein Wort, so wird meine Seele gesund.«

Offenbar konnte die christliche Religion unsere abendländische Kultur nicht gegen die Sucht nach Konsum und materieller Sicherheit immunisieren und ist wahrscheinlich selbst zu einer der Ursachen für die tragische Entwicklung geworden. Und auch heute sind Christinnen und Christen nicht gegen die Erkrankung unserer Gesellschaft immun, sind völlig verstrickt, als einzelne und die Institutionen allemal. Vielleicht hat das auch damit zu tun, daß die Kirchen stets den Gehorsam als hohe Tugend herausgekehrt haben und die Menschen somit immer in Versuchung standen, Gottvertrauen und Autoritätsgläubigkeit miteinander zu verwechseln – eine Kultur von Ja-Sagern. Gegenüber kranken und wahnsinnigen Gesellschaftssystemen wie dem unseren ist aber eine Kultur des Ungehorsams notwendig, eines so drastischen und tiefgreifenden Ungehorsams, daß es einer religiösen Fundierung bedarf. Hier müßte der selbstbewußte Zorn Jesu Vorbild sein, der die Händler aus dem Tempel warf und die Versuchung der Macht wütend von sich wies.

Deshalb ist es vielleicht gefährlich, im christlichen Rahmen zu viel von der Liebe und vom Vertrauen (Glauben) zu reden. Ist das Wort nicht dadurch verdorben, daß es zu oft für die falschen Zusammenhänge und von den falschen Leuten benutzt worden ist? Kann ich es überhaupt noch verwenden? Aber umgekehrt: Könnten wir ohne dieses Wort auskommen? Wir müssen nur sehr wach dabei sein. Eine Liebe, die heute nicht *auch* traurig und zornig ist, die sich nicht aus ihrer Naivität befreit und bereit ist, in dieser Welt genau hinzuschauen, macht sich der Blindheit schuldig, wird flach und schal. Heute nicht und vielleicht niemals kann ich die Liebe ohne überwältigenden Schmerz und Trauer haben. Wenn ich die Welt und die Menschen (einige wenigstens) tatsächlich lieben will, nicht nur sentimental, dann trifft mich ihr Leiden mitten ins Herz. Und das Leiden ist heute so groß, daß es kein Mensch allein ertragen könnte. Deshalb ist Liebe für mich nur möglich (um es biblisch auszudrücken) in Gemeinschaft mit »Glauben und Hoffnung«, die mir die Kraft dafür geben können, auszuhalten und aufzubegehren. Sentimentale, naive Liebe, die sich nicht der Schärfe des Schmerzes dieser Welt und unserer Mitmenschen stellt, ist gefährlich. Sie wird zum Instrument der Mächtigen, um den Geist der Armen und Ausgebeuteten mit pseudochristlicher Gefühlsduselei zu vernebeln – und natürlich auch den Geist derer, die helfen könnten oder müßten. Wie sagt es Berdjajew: Mein tägliches Brot zu besorgen ist ein materielles Problem; der Hunger meines Nächsten aber ist ein geistliches.

Ich finde es typisch, daß die Jünger Jesu seine Liebe, seine innere Kraft, seine Wunder angebetet haben, seine Qual in Gethsemane aber verpennten. So einfach können wir uns das nicht machen – und tun es doch täglich.

Wenn die Liebe und der Glaube (das Große Vertrauen) nicht von Anfang an gepaart sind mit äußerster Wachheit und Klarheit, dann kommt es zu der Erscheinung, wie sie mir Thomas oft für den kirchlichen Umkreis beschrieben hat: Da geben sich Glaubende ganz einer für wertvoll gehaltenen Sache hin und rennen dann entsetzt fort, wenn ihnen nach längerer Zeit auffällt, was da in der Kirche eigentlich gespielt wird. Es bleiben oft nur die Trokkenen, die Braven, die Angepaßten und Unlebendigen.

Aber gerade das können wir doch von dem hebräischen Meister lernen, der den Mut und die Liebe hatte, in unsere Welt zu kommen, obwohl er wußte, was hier gespielt wird, dessen Liebe so ganz und gar nicht naiv war und der seinen Leuten bis in ihren Verrat hinein treu blieb.

Ich frage mich oft, was diese Treue für mich bedeuten könnte. Ich fühle mich angesichts dessen, was ich von der Welt weiß, ständig hin- und hergerissen zwischen meinem Bedürfnis nach persönlichem Glück und der offenkundigen Notwendigkeit, Verantwortung für meine Umwelt mitzutragen. In unserer so gespaltenen und entfremdeten Welt und meinem ebenso gearteten Bewußtsein empfinde ich das oft als einen schmerzhaften Widerspruch.

Alfter, 7. 1. 1991.
Nach meinem letzten Gespräch mit U. ist mir noch einiges durch den Kopf gegangen, was unsere Positionen unterscheidet. Wir hakten immer wieder am Randbereich zwischen religiösen und sozialen Fragen ein. Eine Äußerung von ihm brachte mich auf die mögliche Wurzel des Problems. Er sagte, letztlich ginge es ihm darum, einen Platz, Leute und Gelegenheit zu finden, um seine Religiosität leben zu können, wie es ihm entspricht – ohne den Anspruch oder das Ziel, damit auf die Gesellschaft einzuwirken. Ich bin jedoch der Überzeugung, daß es für niemanden eine »Privaterlösung« geben kann. Daß wir getrennte Wesen sind, die – jedes für sich – zu Gott oder ins Nirwana streben könnten, ist eine Illusion, die nur in unserem zur Konkurrenz dressierten Ich-Bewußtsein bestehen kann. Sie löst sich gerade dann auf, wenn wir Schritte auf dem geistigen Weg machen. Das Bodhisattwa-Ideal beruht darauf und auch die Vorstellung, daß wir »Glieder« am Leibe Christi sind, der nur als Ganzer erlöst wer-

den kann. Und da wir seelisch alle so eng miteinander verbunden und verwandt sind, erlöse ich mit meinem Weg ein Stück weit auch andere und erlöse mich selbst, wenn ich zur Erlösung des Ganzen beizutragen versuche. Ich glaube weder an das private Heil noch an die Perfektionierung der Gesellschaft. Es ist immer ein Wechselspiel. Aber ich bin der Meinung, daß wir uns selbst eine wichtige Entwicklungsmöglichkeit nehmen, wenn wir das Heil und Wohl des Ganzen nicht in unseren Weg mit einschließen. Und das bedeutet auch einen Einsatz für unsere Ideale in der »äußeren« Welt. Nicht, weil ich damit die Welt zu verbessern meine, sondern weil es einfach notwendig ist. Zum Einatmen gehört auch das Ausatmen.

Gestern sprach ich mit Annelie über den drohenden Krieg am Golf, und ich geriet immer tiefer in den Strudel von Gefühlen, für die ich in meinem Alltagsleben wenig Anlaß habe. Aber das Leiden in der Welt geht mich doch immer an, gerade vielleicht, wenn es mir gutgeht. Mir wird schwindelig, wenn ich daran denke, was am Golf demnächst angerichtet wird, was da vor unseren Augen für Verbrechen begangen werden. Und wir müssen (fast) untätig zusehen. Und das ist ja nur ein Anlaß zur Trauer unter vielen. Mir ist oft, als sei durch alles Schöne, das mir begegnet, auch ein Faden vergangenen oder fernen Schmerzes gewoben. Es zerreißt mich mitunter zu fühlen, daß diese Welt so schön und so schrecklich zugleich ist. Je näher ich dem Schönen komme, um so näher komme ich auch dem Schmerz – unausweichlich. Und oft nimmt der Schmerz überhand, wenn ich weiß, wie viele Menschen jetzt hungern, gefoltert werden, sterben, einsam sind, wie viele Wälder jetzt gerodet werden, wieviel Gift in Boden und Wasser fließt. Ich komme mir manchmal vor, als säße ich in einem brennenden Haus und würde mich gemütlich des Essens freuen und die neuesten Kinofilme diskutieren. Dann lasse ich mir kaum noch das Recht, mich ungestört über etwas zu freuen, wozu ich in meinem privaten Leben Anlaß genug hätte. Diese Spannung kann einen fast zerreißen. Aber ich möchte mich auch nicht dagegen verhärten, so heftig mit allem mitzufühlen. Im Gegenteil habe ich oft große Sehnsucht danach, der Welt, anderen Menschen und Wesen noch näher zu sein, noch mehr Anteil zu nehmen und tiefer zu empfinden, konsequenter daraus zu handeln. Aber das erlaubt mir die Angst nicht, von dieser wahnsinnigen Spannung zwischen Schönheit und Schrekken zerrissen zu werden.

In diesen aufgewühlten Gefühlen, für die ich oft kaum einen Ausweg finde, mich manchmal nur davon ablenken kann, fühlte ich mich gestern diesem Jesus sehr verbunden. Erzählt die Überlieferung doch von einem, dessen Herz und Bewußtsein so weit und groß war, daß er mit allen Menschen und Wesen mitfühlen konnte, grenzenlos und über alle Spannung hinweg. In diesem vollkommenen und end-gültigen Mitfühlen (manche würden wohl eher von Liebe sprechen, die Tradition von Barmherzigkeit) hob er die Trennung auf, die Absonderung (Sünde) des menschlichen Bewußtseins. Darin starb er und ging damit über den körperlichen Tod hinaus in die tiefste Hölle der Seele. Aber darin erstand er auch wieder und verschmolz allen Schmerz und alle Freude der Welt zu dem, was die Erzählung »Herrlichkeit« nennt. Auch wenn es nur die erzählte Tat eines einzelnen ist, von der wir konkret nichts haben, so steckt darin doch ein großartiges Versprechen. Die Bilder dieser Geschichte nehmen mir die Spannung nicht ab, aber sie heilen sie, denn in ihnen ist die Trennung zwischen allen Wesen grundsätzlich aufgehoben. Und es heißt, wir könnten alle daran teilhaben, sofern wir darauf vertrauen.

Diese Perspektive befreit mich aus der Gespaltenheit, die mein gesellschaftliches Engagement lange lähmte. Es gibt keinen Gegensatz zwischen meinen Bedürfnissen und denen der Welt, zwischen meinem Glück und dem meiner Mitmenschen. Zum Wohl des Ganzen kann ich nur beitragen, wenn mir selbst wohl ist. Ich bin im Laufe der Jahre immer mißtrauischer gegenüber Bewegungen geworden, die mit dem Pathos des »Helfens« einherkommen. Wirklich kraftvoll und verändernd waren meist nur die Bewegungen, die für ihre eigenen Bedürfnisse eingetreten sind. Es wird höchste Zeit, das lehrte mich schlagartig der freiheitsbewegte brasilianische Franziskaner Camara, daß wir vor unserer eigenen

Türe kehren, statt die »Dritte« Welt sanieren zu wollen. *Wir* sind die wahrhaft Unterentwickelten. Den anderen geht es gerade darum so schlecht, weil wir hier nicht für unser wirkliches Wohl sorgen und die Welt in billigen (oder teuren) Surrogaten ersticken. Es wird Zeit, daß wir – wie Camara es sagt – unsere Armut erkennen, unsere Unterdrückung und unsere Verzweiflung. Es wird Zeit für eine Befreiungstheologie und -politik für die »Erste« Welt, für das alte Abendland. In dem Augenblick, in dem wir anfangen, uns hauptsächlich um unser eigenes wirkliches Wohl zu kümmern, werden wir aufhören, die anderen Völker und die Natur an der Verfolgung ihres jeweiligen Wohles zu hindern. Wir müssen unsere Macht als Symptom einer Krankheit erkennen, von der wir genesen müssen, damit sich etwas wirklich verändert. Und den Impuls zu dieser Genesung wünsche ich mir von unserer christlichen Überlieferung, indem sie sich wieder darauf besinnt, daß nicht Theologie und Moral, sondern die Fülle des Lebens (das »Reich Gottes«) ihr letzter Maßstab ist – ein erotisches Christentum.

Schlußbemerkungen

Während ich geschrieben habe, fragte ich mich oft, warum ich das alles schreibe. Gibt es für mich keine wichtigeren Probleme, als mir so allgemeine Gedanken über Religion zu machen? Wem sollen diese Überlegungen nützen? Was haben sie mit meinem Leben zu tun?

Zum einen, das habe ich in der Einleitung schon angedeutet, sind religiöse Fragen für mich die spannendsten Fragen überhaupt. Mein Leben ist mir nicht denkbar, ohne mir immer neu Rechenschaft über seine Grundlagen abzulegen. Dieses Nachsinnen über meine geistigen Quellen und ihr Erleben ist nicht ein einmaliger Akt, sondern ein ständiger Prozeß, der sich immer wieder erneuert, ein Prozeß auch, der mich erneuert und mir Kraft gibt, der mir mein Leben sinnvoll erscheinen läßt. Religion ist nicht etwas, das ich einfach haben kann wie eine Meinung oder Überzeugung. Wirkliche Religion lebt nur daraus, daß ich sie mir ständig neu erringe, daß ich ständig damit von vorne anfange, an der Quelle, immer wieder alles in Frage stelle. Wie alles Lebendige entsteht Religion nur aus dem Prozeß, aus dem Wandel. Das Göttliche ist immer neu, will uns immer anders begegnen; ich versuche, mich von diesem Neuwerden, diesem Wandel immer wieder berühren zu lassen.

Zum anderen ist mir Heilung ein wichtiges Anliegen. Zur Heilung gehört auch ein kultureller oder weltanschaulicher Aspekt. Die einfache Tatsache, auf die heute jeder moderne Mensch gestoßen wird, daß wir nicht privat, jede und jeder für sich allein heil, gesund oder ganz sein können, sondern nur im größeren Lebenszusammenhang – diese Tatsache gilt nicht nur für die Umweltproblematik, sondern besonders auch für unser kulturelles Umfeld. Inneren und äußeren Frieden finde ich also nur, wenn ich eine Form gefunden habe, mit meinem geistigen und kulturellen Umfeld in Beziehung zu leben. Das kann natürlich auch auf kritische oder spannungsreiche Weise geschehen, aber nicht durch Ignorieren oder Verdrängen. Durch unsere Gesellschaft geht ein tiefer weltanschaulicher Riß, der darin besteht, daß wir auf dem Boden einer christlichen Kultur leben, die heute *praktisch* fast bedeutungslos geworden ist. Längst ragen die Banken höher in den Himmel als die Kirchtürme. Doch wurde ihre sinnstiftende Rolle nicht ersetzt; der Segen und das Unheil, die durch das Christentum gekommen sind, sind noch nicht verarbeitet. An dieser kulturellen Zerrissenheit oder kollektiven Krankheit sind wir heute lebenden Individuen alle mehr oder weniger beteiligt. Die kollektive Depression, die sich daraus ergibt, wirkt sich auch auf die geistig-seelische Gesundheit und das Wohlbefinden der einzelnen Menschen aus. Wie ich als einzelner vom kulturellen Unheil mitbetroffen bin, so habe ich das Bedürfnis, indem ich mich davon zu heilen versuche, meinen Beitrag zur Heilung des Ganzen zu leisten.

Dazu habe ich bisher nur erste Schritte getan. Insofern hat das Buch ebensowenig ein deutliches Ende wie der Weg, den ich darin beschrieben habe. Ich bin noch unterwegs und kann nur den bislang zurückgelegten Abschnitt zeigen. Selbst dieser hat keine endgültige Gestalt und keine festen Ergebnisse. Und das ist gut so.

Es ist Samstag abend, Anfang August. Im Hintergrund höre ich laut die Kirchenglocken ins Ruhrtal rufen, wie so oft in den vergangenen Monaten, während ich hier saß und schrieb. Ein Klang, der mir seit meiner Kindheit vertraut und heimatlich ist, obwohl ich dem Ruf fast nie folgte. Bei aller Annäherung, um die ich gerungen habe und die ich teils auch errungen habe, ist gegenüber dieser Religion doch eine Fremdheit zurückgeblieben, die ich schwer fassen kann. Der volle Klang der Glocken scheint mir immer mehr zu versprechen und zu künden, als ich finden kann, wenn ich ihm folge. Das kirchliche Christentum, das ich bis heute finden konnte, wirkt meist eng und beklemmend auf mich; ich sitze unruhig auf seinen Bänken und sehne mich nach Leben, nach all dem, was die alte frohe Botschaft, was der vibrierende Klang der Glocken mir verspricht. Es gibt Momente der Messe, der Gottesdienste, die mich erfüllen; aber es kostet Anstrengung, sie zu erleben, als wollte ich einen Tropfen frisches Naß durch eine Wolke von Staub hindurchtragen. Und wenn ich dies schreibe, kritisiere ich nicht mehr, sondern bin traurig. Ich wünschte mir anderes, etwas von dem, wonach die Glocken Sehnsucht wecken. Manchmal stelle ich mir vor, dieser Jesus säße in einem solchen Gottesdienst neben mir. Wenn ich die Frage, die Dietrich Bonhoeffer einmal als Leitfrage für sich formulierte: »Was hätte Jesus dazu gesagt?« – wenn ich diese Frage durch die Kirchen trage, wenn ich mit dieser Frage Gesprächen zuhöre, dann brauche ich nach Antworten nicht lange zu suchen, dann fühle ich mich mit meiner Trauer oder meinem Zorn nicht allein. Ja, wo hat sie da Platz, die verkörperte Leidenschaft für das Leben? Der sein Leben lang vagabundierte, der unter Bäumen und auf Bergen betete und schwieg, würde der sich freuen, wenn ihm graue Kirchen gebaut werden, in denen man stillsitzen muß und sich eines endlosen Schwalles von Worten erwehren? Hätte der sich über Anhänger/innen gefreut, die angepaßt und brav sind, gehorsam und mutlos, die sich abgrenzen von Fremdem und Neuem und die Angst vor einem Jenseits haben? Hätte er sich überhaupt über Anhänger/innen gefreut? Oder wollte er Menschen, Frauen und Männer, die frei und selbstbewußt vor ihrem Gott stehen, die sich an dem wilden Leben freuen können, das in ihnen sprudelt, die für Freunde und Fremde gleichermaßen einstehen, die für Gerechtigkeit und Geschwisterlichkeit kämpfen, die in die Fülle des Lebens eintauchen und sie auch wieder loslassen können? Natürlich weiß ich nicht, was er wollte – denn alle glauben es ja zu wissen. Aber ich weiß, was ich mir wünsche, in welchem Christentum ich mich wohl fühlen würde. Ich möchte teilhaben an einem Christentum, das die Menschen freier, offener und lebendiger macht, das Leidenschaft und Sehnsucht weckt. Ein Christentum, das markant, greifbar und deutlich in die Welt tritt, nicht durch Abgrenzungen, sondern markant durch sein unverwechselbares Feuer, seine schöpferische Kraft. Und ich habe die Hoffnung, daß es von einem solchen Christentum mehr geben könnte, als ich bisher gefunden habe. Vielleicht muß es sich wieder bilden und erneuern, indem es an seine eigenen alten Überlieferungen anknüpft, indem es seine gnostischen und heidnischen Flügel wieder integriert, indem es sich der Ökumene mit anderen Religionen öffnet und von ihnen lernt, und vor allem, indem es sich auf die Erfahrungen der Menschen stützt statt auf Regeln und Dogmen.

Es ist meine feste Überzeugung, daß weder Individuen noch Kulturen gesund und heil sein können, ohne fest und lebendig in ihrer religiösen Mitte zu wurzeln. Religion ist die größte heilende Kraft, die wir haben. Früher hatte ich gemeint, unsere Kultur hätte nur eine Chance, wenn das Christentum bald verschwindet. Heute erhoffe ich mir eine Chance gerade aus einem erneuerten Christentum, denn es hat in den Herzen der meisten abendländischen Menschen noch einen kleinen Platz. Und es liegt an uns, ob wir uns diesen Platz durch Autoritäten besetzen lassen, oder ob wir ihn für eine kraftvolle Verbindung zu unserer Lebensquelle wiedergewinnen. Und auch für das religiöse Gemeinschaftsleben gilt dies. Die erstarrten Kirchenstrukturen können sehr gut mit einer Mehrheit von desinteressierten, aber zahlenden Mitgliedern leben. Was sie überhaupt nicht vertragen könnten, wären Scharen lebendiger, religiös eigenständiger und engagierter Menschen, die aber nur das unterstützen, was sie selbst für richtig halten. Stellt euch vor, es ist »Kirche«, und alle machen mit. *Das* wäre der große Schock für jede autoritäre Religionsverwaltung. Die größte Befreiung von den bestehenden Kirchenstrukturen wäre es, wenn sich viele Menschen ernsthaft für ihre Religion interessierten und sich dafür engagierten. Die Religion von morgen läßt sich nicht mehr verordnen. Sie wird vielfältig sein, wandlungsfähig und von persönlichen Erfahrungen getragen. So wie sie »von oben« her absterben, werden nicht nur die »Kirche«, sondern auch Theologie und Kult »von unten« neu geboren werden – aus dem religiösen Denken und leidenschaftlich mystischen Erleben unzähliger Frauen und Männer. Die Anfänge dazu sehen wir schon überall aufkeimen.

* * *

Rebbe Baruchs Enkel Jechiel kommt in Tränen aufgelöst in die Lehrstube des Meisters gerannt.

»Aber Jechiel, warum weinst du?«

»Mein Freund ist gemein! Er ist unfair! Er hat mich ganz allein gelassen, darum weine ich.«

»Willst du mir das nicht von Anfang an erzählen?«

»Ja, Großvater, wir spielten Verstecken. Ich mußte mich verstecken, und er war dran, mich zu suchen. Aber ich hatte mich so gut versteckt, daß er mich nicht finden konnte. Da hat er aufgegeben. Er hörte einfach auf, mich zu suchen, und das finde ich gemein!«

Da streichelt Reb Baruch das Gesicht des Jungen, und ihm selber steigen Tränen in die Augen. »So ist es auch mit Gott, Jechiel«, flüstert er leise. »Stell dir seinen Schmerz vor. Er hat sich versteckt, und die Menschen suchen ihn nicht. Verstehst du, Jechiel? Gott versteckt sich, und die Menschen suchen ihn nicht einmal.«

NACH ELIE WIESEL[15]

* * *

Bedanken
möchte ich mich

bei allen, die mir auf diesem Weg begegnet sind und meine Auffassung vom Christentum prägten, ob sie in diesem Buch auftauchen oder nicht. Nennen kann ich Br. Johannes und Br. Marian, Br. Rudolf und Br. Andreas, Julia und Uta, Michael, Gisela und Resi, Sibylle und Jo, Wilhelmine und Josef, Herrn Brinkmann, Br. Alois, Matthew;

bei meinen Eltern, die mir gezeigt haben, daß Ehrlichkeit und innere Freiheit auch im religiösen Bereich unverzichtbar sind;

bei Monika, die mit mir in Indien und Tibet war;

bei Maria für die Durchsicht des Manuskripts und wertvolle Hinweise;

bei meiner Lektorin Hildegunde Wöller für die konstruktiv kritische und stets ermutigende Begleitung der Arbeit;

und natürlich besonders bei Annelie und Thomas-Valentin, die mich auf diesem Weg begleitet, mit mir gestritten und sich mit mir gefreut haben. Sie haben auch das Buch selbst in seiner Entstehung begleitet und durch ihre Kommentare und Kritiken stark beeinflußt.

Anmerkungen

1 Kurt Marti, Ungrund Liebe. Klagen – Wünsche – Lieder, © RADIUS-Verlag GmbH, Stuttgart 1987, 1989², S. 21
2 Krister Stendahl, Der Jude Paulus und wir Heiden, München 1978, S. 31 u. 35 f.
3 ebenda, S. 100
4 Matthew Fox, Vision vom Kosmischen Christus. Aufbruch ins dritte Jahrtausend, Stuttgart 1991; und: Matthew Fox, Der Große Segen. Umarmt von der Schöpfung, München 1991
5 Elaine Pagels, Versuchung durch Erkenntnis. Die gnostischen Evangelien, Ü: Angelika Schweikhart. © Suhrkamp Verlag, Frankfurt am Main 1987, S. 210
6 Chaim Potok, Mein Name ist Ascher Lev, Tübingen o. J., S. 156
7 Elie Wiesel, Die Nacht zu begraben, Elischa, Frankfurt 1988, S. 210 ff.
8 Hans Kals, Kontakt mit Verstorbenen? Erfahrungen, Vermutungen, Beweise, Freiburg 1987
9 Jörg Wichmann, Renaissance der Esoterik. Eine kritische Orientierung, Kreuz Verlag Stuttgart 1990
10 vgl. Glaube in winterlicher Zeit. Gespräche mit Karl Rahner, Hrsg. Paul Imhof und Hubert Biallowons, Düsseldorf 1986
11 Dorothee Sölle, Die Hinreise. Zur religiösen Erfahrung. Texte und Überlegungen, Kreuz Verlag, Stuttgart 1975, 1988⁹
12 vgl. Christa Mulack, »Gnosis (Verdrängte christliche Erkenntnis)« in: Maria Kassel (Hrsg.) Feministische Theologie. Perspektiven zur Orientierung, Kreuz Verlag, Stuttgart 1988
13 Helder Camara, Mach aus mir einen Regenbogen, Zürich 1981, S. 85
14 Dorothee Sölle, Die Hinreise, vgl. Anmerkung Nr. 11
15 Elie Wiesel, Was die Tore des Himmels öffnet, © Herder Verlag, Freiburg 1981, S. 63 f.

Anmerkungen